U0136098

臺灣鄉土與宗教研究叢刊

花蓮地區客家信仰的轉變
——以吉安鄉五穀宮為例

邱秀英 著

（本書榮獲行政院客委會贊助出版）

蘭臺出版社

「臺灣鄉土與宗教研究叢書」總序

李世偉（花蓮教育大學鄉土文化系副教授）

　　人類對於鄉土的感情是原生性的，毋庸刻意學習與培養，自然而成。鄉土既是生命情懷之託，也是知識啟蒙之端，因此古云「君自故鄉來，應知故鄉事」，那是一種每個人最熟悉的生命經歷，而所謂「以鄉之物教萬民」則當是傳統社會的自然及社會教育了。

　　解嚴以來，隨著政治改革的民主化與本土化的潮流，臺灣鄉土教育與文化日益受到重視，最初由部分知識分子與地方政府草根式的推動，由下而上地顛覆中央政府過去以中國大陸為中心的教育政策，鄉土教育成為體制內所認可的重點。影響所及，教育部也制定了系列的鄉土歷史文化教學活動，在國中小次第開展；此外，各種的鄉土文化藝術活動受到極大的重視與鼓勵，地方文史工作室紛然而立，一時之間，臺灣各地充滿著濃厚的「鄉土熱」。

　　然而，鄉土熱的風潮未必能帶來相對的研究成果與水平，這除了鄉土研究的時間尚短，相關的問題意識、文獻積累、研究方法、研究視野等尚未充分且深入的開展外，意識型態的干擾、媚俗跟風者眾，也是關鍵因素。這使得表面上鄉土文化的論著充斥書肆，研究資源也易於取得，但研究水平難有實質上的提昇。這樣的反差是頗令人感慨的，因此有了出版這套「臺灣鄉土與宗教研究叢書」之構想。鄉土文化研究以民間宗教信仰作為切入點，自然是著眼於臺灣漢人移民社會的特質而發，從移民之初至今，民間宗教信仰作為族群認同、社區凝聚、經

濟生產、常民生活、精神文化等作用,已是我們所熟知的課題,因此作為叢書論述的主軸。

這套「臺灣鄉土與宗教研究叢書」首先推出七本佳著,分別是周政賢《臺灣民間地基主信仰與習俗》、陳桂蘭《臺灣民宅的辟邪物》、施晶琳《臺灣金銀紙錢的民俗文化》、楊士賢《臺灣喪葬法事戲劇研究》、陳瑤蒨《地獄司法神與指南書》、邱秀英《花蓮地區客家信仰的轉變》。這些論著均為作者的學位論文改寫而成,雖然他們都是學界新秀,識者不多,舞文弄墨的身段也未必老練。但熟悉學界之生態者多知,許多人一旦擠身教授之流後,或因於教學、行政之壓力,或疏於己身之怠惰,或安於升等後之既得位階,要再期待有佳作問世,便如大旱之望雲霓也。相對的,若是研究生能潛心專志、奮力相搏,反而能有驚豔之作。毋庸誇誇之言,這七部書都是內容紮實的精彩作品,文獻資料詳實可徵,作者們也都作了大量的田野調查,為我們提供第一手的觀察與論證,圖像資料亦相當可貴,具有極高之參考價值。當然,更重要的是,作者所探討的主題均為漢人民間社會中極重要,卻較少被有系統性的處理者,因此益顯彌足可貴,有心之讀者可以細加體會。

臺灣蘊藏的鄉土文化極為豐富,這次首推的叢書,其主題雖多與宗教信仰相關,但我們希望能夠再發崛其它的主題論著,也期許有更多的人投入其中。這套叢書能順利出版,感謝蘭臺出版社與總編輯郝冠儒先生的支持,要在利潤微薄的出版市場上作這樣投入,是需要一點冒險與勇氣的。另外老友王見川從旁的一些協助與意見,亦一併致謝。是為序。

目　次

《表次》

《圖次》

第一章

緒論

一、從東臺灣的客家研究談起

　　客家研究近年來日益受到重視，主要與客家意識的覺醒、政經環境的轉變以及社會結構的改變有密切相關（尹章義1997:1）。在臺灣客家研究的相關論述中，從 1980 年迄今，客家研究雖逐漸形成規模，然綜觀所有的研究區域及範圍，大多以北部的桃竹苗和南部的六堆為多。東部向來被視為臺灣的後山，而於東部的客家移民多由南北客匯集而成，所以在研究上有其特殊性存在。再者，由於東部族群的多樣化，客群的活動雖然展現在這片舞臺之中，但卻是被遺忘的一群，而呈現在花蓮的客家研究上，更是屈指可數。[1]

　　學術界向來稱臺灣社會為移民社會的形貌，這群東移的客家人，可算是在臺灣史上最大規模的島內移民，時間主要集中在日治的中晚期，迄今約有近百年的時期，然而多元族群的付出和努力，開拓出花蓮這片土地的形貌和現況，對於每個族群而言，都是不容忽視的。雖然是移民社會，在歷史發展的過程中，這裡少了西部社會中漢人間大規模的械鬥，也少了掌控經

---

[1]　日據時期的調查資料以孟祥瀚所論述的〈日治時期花蓮地區客家移民的分布〉，《客家文化學術研討會-語文、婦女、拓墾與社區發展》（2002）。戰後開始很清楚、完整的調查，在花蓮的部份屬於《續修花蓮縣志・客家族群》（花蓮縣政府：2005）。這是目前最為完整的官方調查資料。

濟和社會運作的仕紳家族，然而，這群生活在族群互動和諧地區的客群，究竟有什麼屬於客群特殊的面貌產生呢？屬於移民社會的臺灣，我們可以了解信仰神祇主要是作為群體心靈的慰藉與寄託，而廟宇則作為運作的空間，透過廟宇除了可了解時代的脈絡與變遷外，更可作為人群間互動的場域。在筆者調查的過程中，發現廟宇都存在著不同的精彩故事，而神明則被賦予不同功能性的角色及意涵的展現，上述的這些，都和移民有密切的相關性。然而，這究竟是什麼原因，支配著移民信仰型態的種種，不斷的讓人思索，再思索⋯⋯。

二、研究動機與目的

漢人在臺灣東部的拓墾，可以追溯到清領時期，尤其是開山撫蕃政策實施後，漢人在光緒年間開始移入東部，加入了東部複雜族群的行列之中。雖然日治時期政策的影響，東部地區亦有新移民－日本農民的加入，不過還是以本島的漢人移民為主體。從日治末到戰後，漢人的移民達到了高潮，無論是福佬或客家，大多集中在這個時期湧入東部，參與了這片土地的拓墾。

相較於西部，關於東臺灣的研究，少有學術論文述及（潘繼道 2001:8）。回顧東臺灣的研究，在歷史的學門中，主要著

重在全東部開發研究或移民的探討，[2]地理研究主要強調都市的形成、區域變遷或人口遷移的討論，[3]然而在人類學上，多以原住民的族群論述或認同而起。[4]整體而言，東臺灣呈現的是與西

2　歷史學研究中，以張永楨（1985）的開發研究為首，接著相關論文是孟祥瀚（1988）的研究。張的研究主要以清代為主要論述，而孟祥瀚除了承接張的研究外，更以日據時期的人口統計資料作為東部整體發展的討論。潘繼道（1992）的研究屬於以平埔族為主的移民研究，主要透過田野訪查回溯平埔族人遷移的過程。而張蓉峻（2003）則屬於家族史的研究，主要透過連氏家族所提供的相關資料和日記，對於東臺灣家族發展史來了解區域的發展。

3　地理學相關的研究，主要以師大地理系為主，可參閱 1993 年張家菁《花蓮市街的空間演變—臺灣東部一個都市聚落的形成與發展》、鄭全玄《臺東平原的移民拓墾與聚落》以及 1995 年林聖欽《花東縱谷中段的土地開發與聚落發展：1800-1945》等碩論，1997 江美瑤《日治時期以來臺灣東部移民與族群關係—以關山、鹿野地區為例》，以上四篇著重在歷史開發過程與區域的關聯，江美瑤也討論了區域內族群的關係。臺大地理系則在 1995 年有邱世宏《花蓮地區人口遷移的時空變遷》、施亞軒《花蓮平原中央政策措施下的區域變遷：從清政府到民國政府 1875-1995》以及許靜琇《花蓮地區北迴鐵路通車前後區域發展差異之比較研究》三篇，這三篇主要都在談區域的變遷，從人口、中央政策以及北迴鐵路通車作為不同的切入點。直到後來才 2002 年花師鄉土所黃玉翎《花東縱谷人口分布的區域變遷》的出現，主要以人口和聚落作為分析，討論在社、經變動下型塑不同的區域現象和區域的轉變。

4　人類學在東臺灣的研究上，早期以民族誌類型的文化研究與制度組織研究為主，如許木柱等《長光：一個母系社會的涵化》（臺北：臺灣大學考古人類所碩論，1974）。而後又有阿美族親屬制度（如陳文德：1985）、布農族的親屬組織（如謝劍：1963）、以及經濟結構和人口變遷方面的研究（吳豪哲：1988）等。

部經驗不同的樣貌，雖然有人稱做二次移民，[5]從時間點、產業
面貌，甚至在信仰上的祭祀型態，由於不同環境背景的影響之
下，也可能發展出不同於西部的面向，這是本研究想要探討的
課題，從移民的信仰為出發點，以區域內公眾寺廟為研究的重
心，探討區域內信仰中心、祭祀範圍的形成和變動，以及廟宇
內部組織的運作，與底層經濟面向的關聯性。

　　本文從整個花蓮的大區域為出發點，以客家人口在該鄉鎮
佔有多數者的地區為主軸，討論區域中客家人信仰中心的形成
及發展。然而隨著大環境的改變，原本的信仰中心所形成的範
圍卻逐年變動，這樣的改變所代表的意涵為何？而近年來的變
動，對於信仰底層的影響以及整個地區的社會關係網絡又如何
呢？因此，本文的研究目的在於：

1、了解整體花蓮的客家信仰，在三個不同歷史時期廟宇、
　　神祇的變遷及其所代表的意涵。區分此三個時期的要
　　項，係由客家移民的時間點、族群關係和信仰神祇對
　　象等三者所構成的差異。

2、透由地理學中「中地理論」的研究，將中地理論相關
　　概念的納入，以期能了解廟宇在信仰中的功能性轉

---

[5] 劉還月（2001）在臺灣客家族群史〈移墾篇（下）〉中稱之為「二
　　次移民」，認為他們是弱勢族群中的弱勢族群。

變，包含祭祀組織的內部情形、不同時期參與祭祀者
的角色，以及祭祀範圍是如何被支撐出來等提出相關
討論。

3、探討近年來，移民信仰的表徵在大環境下的轉變，尤
其在「二次移民」為多的社會空間特性。

4、信仰神祇意義的轉變。

　　選擇位於吉安鄉的五穀宮，主要是因為吉安鄉鄰近花蓮
市，近幾年在產業的轉變上較為快速明顯，而且在環境的變動
下，早期為農業守護神的五穀大帝的信仰，早期是以「產業神」
作為參與祭祀活動的人群選擇，在當時為吉安鄉的祭祀中心，
而後卻演變成為主要以「客人廟」作為號招人群的方式，尤其
在各種信仰充斥的環境當中，這樣的過程，到底是如何形成
的？再者，討論環境的變動，是如何牽引著整個祭祀範圍的變
動呢？為了了解移民信仰的形塑，與地區之間發展的相關性，
本文也討論初期祭祀空間的形成，以及信仰神祇出現的原因。
整體而言，移民的過程，對於了解祭祀範圍形成有相當大的助
益，回歸到最底層的支撐因素，是否因為這樣的因素動搖後，
祭祀範圍就開始產生不同的變動呢？這也是在文中需要討論
的一環。

三、文獻回顧

　　岡田謙是最早提出「祭祀圈」的研究者，透過對士林街的研究，看到以神祇爲中心形成不同的祭祀範圍，國內學者多稱這樣的範圍爲「祭祀圈」。然而在祭祀圈的相關研究中，大抵可以分爲兩類，一是關於祭祀圈形成的討論，另一則是祭祀圈作爲一個地域的範圍，對地域範圍空間內部相關的組織研究和討論。

　　王世慶與莊英章的文章主要針對祭祀圈的形成做討論，而且從整個地區發展的脈絡來看。王世慶（1972）以樹林鎮爲研究區域，透過歷史過程，探討不同祖籍間民間信仰的融合過程，以及廟宇所屬的信仰社區如何伴隨著樹林的開發而有不同的發展。王文中的信仰圈，主要指的是參與祭祀輪值區的範圍，隨著濟安宮的遷移，信仰地區也隨之擴大，而且歷屆的董事，都爲地方頭人所擔任。此外，文中除了對於信仰圈擴張的過程外，並對於寺廟組織在不同時期的變動有相當的描述，這是值得延續深入去討論的部份。

　　莊英章（1977）在林圯埔的研究中，以祭祀圈的概念來說明竹山鎮的宗教活動和地域組織，他認爲祭祀圈乃基於自然流域、宗族組織、水利系統和交通要素等因素而形成，從地域的觀點來解釋祭祀圈的特色。而且在也提出數個祭祀圈的中心，也就是地域組織的市場集散中心，也與婚姻圈有重疊性。這篇

文章從自然環境的出發點來解釋祭祀圈的特色,在研究上是一個大的突破,因為新的移民進入時,首先必然考量的是自然環境的適切性。

王世慶的文章著重在廟－社區－樹林鎮這三者的發展做對照,並討論以寺廟與鄰近寺廟、寺廟與神明會,甚至是寺廟內部組織與是如何受到外在環境而有所變動。莊英章則是檢證了祭祀圈與市場圈和婚姻圈的重疊性,也提出林圯埔的地域組織形成基於自然流域、水利灌溉系統或交通要素。

然而對於祭祀圈的應用上,以岡田謙、許嘉明、施振民及林美容的論述為主。

岡田謙(1920)首先提出了祭祀範圍的討論,藉由在討論士林街的各種祭祀範圍,說明要了解臺灣村落的地域集團或家族集團的特質,必須由祭祀範圍問題入手。他運用了祖籍的資料與實際的調查,分別將參與祭祀活動的民眾所居住的地域、祭祀的範圍(集體性參與祭典的區域)以及祭神、承辦祭典的種類、人數、推選方法、祭祀方法、費用等,勾勒出一個祭祀範圍內人群組織的型態,也就是以主祭神為中心的祭祀圈,大抵是指參與祭祀輪值的地域範圍。文中提出了中元祭的祭祀範圍與通婚範圍相似,對於祭祀範圍的研究,提出重要的論述。

許嘉明(1973)以祭祀圈的概念,討論彰化平原福佬客地域群體的組成,並提出彰化平原福佬客地域組成的主要基石有

移民的歷史、共同居住的地域範圍以及共同的祖籍與方言。研究著重在地域內群體的組成，以祭祀圈的概念勾勒出一個地域範圍，再透由歷史的發展過程和背景，以地域內有關祭祀活動的群體作爲地方組織的研究。他所指的祭祀圈，主要是以共同崇奉的鄉土神爲中心，所形成社會群體的祭祀範圍。

而施振民（1973）則以祭祀圈的概念研究聚落發展的模式，並重新定義了「庄」是一個共同祭祀單位的聚落。此外，他根據岡田謙提出祭祀範圍的概念，以庄爲地域的基礎，透過彰化平原的人群分布及寺廟資料，畫出以主祭神爲經，以宗教活動爲緯，提出建立在地域組織上的「祭祀圈模式」。藉此可以了解聚落組織的階層性，由主祭神的從屬關係反應村廟間的階序關係外，並作爲移民史的研究，以及社會結構的分析和宗教活動及宗教組織的探討依據。

林美容（1986）認爲祭祀圈本質上是屬於地方組織，漢人透過神明信仰來集結和組織人群。不同層次的祭祀圈，可以看出傳統漢人社會以聚落爲最小的運作單位來作爲融合和互動。所以在草屯鎮的研究中，除了著重在地方組織的原則和特性外，也探討漢人如何透過神明信仰結合地域的人群。她也提出一個有趣的討論：祭祀圈或信仰圈的範圍內，到底是哪些人結合在一起共同參與，而且結合的原因是什麼呢？透過回顧的文章中，分爲幾種不同的團體結合，如水利、同姓、自治、祖

籍或者是不同的祖籍結合。

　　岡田謙首先提出了祭祀範圍的概念，雖然亦有學者稱之爲「祭祀圈」，然而他所提出的觀點，在於了解臺灣村落的地域集團或家族集團的特質，必須由祭祀範圍問題入手。最後在士林街的研究中，提出了中元祭的祭祀範圍與通婚範圍相似。許嘉明與施振民主要以祭祀圈的概念，對於整個祭祀範圍中的地域形成做描述，施振民則是從彰化平原的研究中，劃出祭祀圈模式。藉此以祭祀主神的位階，了解庄與庄之間的階層關係。林美容以草屯鎮爲例，根據所提出祭祀圈的指標，對於整個草屯鎮的寺廟做完整的紀錄，劃出不同層次的祭祀圈，並歸納出不同地方組織是透過何種方式結合人群，她認爲，祭祀圈的本質是地方組織，所以祭祀圈和漢人社會的同庄結合和信仰結合是有密切不可分的關係。此外，劉枝萬在中研院演講的綱目中提到，祭祀圈是一般信徒的分布範圍，而其消長，與地方之開發史與該寺廟的沿革，息息相關。[6]

　　相關的祭祀圈研究，直到 2001 年在學術會議上，提出反省包括祭祀圈在內的宗教研究，當時由張珣發表針對祭祀圈的概念和相關研究，除了做介紹以及回顧外，並提出見解與看

---

[6] 見劉枝萬在 1975 年於中研院民族所演講之綱要〈南投縣寺廟與祭祀圈之研究〉（未發表）。

法。張珣（2001）提出重要的「後祭祀圈理論」，提出了兩個
可能發展方向：一、採取結構功能論的方式，蒐集市場、宗族
與村落祭祀的資料並將三者的關係納入討論。二、採文化象徵
理論，視村落祭祀為民間權威來源，探討其與國家官方權威之
間互動的研究。文中作者在在強調，祭祀圈的研究並非畫完圈
圈即可，而是將祭祀圈擺在整個社會史的脈絡中，作為一個思
考的架構。

　　張珣藉由國內外相關的文獻，除了探討祭祀圈研究的相關
內容外，更藉由市場理論和宗族模型，[7]探討在中國社會結構研
究中另兩個解釋的模式，以說明祭祀圈研究中的侷限與不足。
他認為臺灣的祭祀圈研究，除了缺乏歷史背景的描述外，缺乏
村落共同體的作用，更缺乏對於「祭祀圈」真正的定義的了解
等問題。

　　目前臺灣的祭祀圈研究，如張珣所言，僅只於在「祭祀圈」
的部份做相關的研究與琢磨，然而還是可以從其他相關的文獻
中，看到一些不僅僅只是祭祀圈的研究，關於地域組織的討
論、市場、水利組織等，還是可以從相關的文章中看出。再者，

---

[7]　市場理論又稱六角形市場模型，是由 William Skinner 以四川盆地
　　為基礎發展出來的；而宗族模型則由 Maurice Freedman 以閩粵邊
　　境為研究，提出由於官方力量薄弱，稻作農業需求的水利灌溉和大
　　量人工，有利於大型宗族的自治與發展。（張珣 2001）

張珣所引用的文章,大多以歷史背景悠久的中國為主要研究空間,相關的研究理論是否適用於臺灣,尤其多數學者都認可將臺灣視為移民社會,所討論的社會面貌又不同於大陸原鄉,真正的臺灣屬於何種型態與樣貌,臺灣的「漢人」社會是否有別於中國,這是值得去探討的。不過,張珣提出建議中,希望研究者第一步能以祭祀的空間範圍,探討何種因素是這群人需要藉由宗教信仰來團結並聚居,第二步則以祭祀範圍為出發點,探討內部與經濟、政治、社會等因素的相關解釋。這給予接續的研究者,提供一個重要的方向和依循。

表 1-1　近年來祭祀圈相關重要研究

作者	年代	名稱/地點	定義與重要觀點	題目	出處
岡田謙	1938	祭祀範圍 士林街	定義：以主祭神為中心的祭祀圈,大抵是指參與祭祀輪值的地域範圍。 重要：中元祭的祭祀範圍與通婚範圍相似。	臺灣北部村落之祭祀圈	民族學研究4〔1〕：1-22
王世慶	1972	信仰圈 樹林鎮	定義：參與祭祀的輪值區的範圍。 重要：除了對於信仰圈擴張的過程外,並對於寺廟組織在不同時期的變動有相當的描述。	民間信仰在不同祖籍之村之歷史。	臺灣文獻3（23）：3-38
許嘉明	1975	祭祀圈 彰化平原	定義：以共同崇奉的鄉土神為中心,所形成社會群體的祭祀範圍。 重要：1、研究著重在地域內群體的組成,主要以	彰化平原福佬客的地域組織	中央研究院民族所研究集刊36：

	1978		祭祀圈的概念勾勒出一個地域範圍，在透由歷史的發展過程和背景，以地域內有關祭祀活動的群體作為地方組織的研究。 2、提出祭祀圈模式（1978）。	祭祀圈之於居住漢人的獨特性	165-190 中華文化復興月刊 11（6）：59-68
施振民	1975	祭祀圈彰化平原	定義：根據岡田謙所提的祭祀範圍。 重要：以祭祀圈的概念研究聚落發展的模式，並重新定義了「庄」是一個共同祭祀單位的聚落。	祭祀圈與社會組織—彰化平原聚落發展模式的探討。	中央研究院民族所研究集刊 36：191-208
劉枝萬	1975	祭祀圈南投	定義：祭祀圈是一般信徒的分布範圍。 重要：祭祀圈的消長，與地方之開發史與該寺廟的沿革，息息相關。	南投縣寺廟與祭祀圈之研究	未發表民族學研究所演講綱要
莊英章	1977	祭祀圈林圯埔	定義：祭祀圈乃基於自然流域、宗族組織、水利系統和交通要素等因素而形成。 重要：1、從地域的觀點來解釋祭祀圈的特色。 2、數個祭祀圈的中心，也就是地域組織的市場集散中心，也與婚姻圈有重疊性。	林圯埔—一個臺灣市鎮的社會經濟發展史	中央研究院民族所專刊乙種，第八號
林美容	1986	祭祀圈草屯鎮	定義：以主神為中心，共同舉行祭祀的居民所屬的地域單位。 重要：1、祭祀圈的本質是地方組織，所以祭祀圈和漢人社會的同庄結合和信	以祭祀圈來看草屯鎮的地方組織	中央研究院民族所研究集刊 62：32-114

			仰結合是有密切不可分的關係。 2、提出祭祀圈模式。		
張珣	2001 （2003 出版）	後祭祀圈研究文獻回顧與反省	定義：人群依著宗教信仰而呈現出一個空間範圍。 重要：1.提出後祭祀圈研究的發展有二： a.採行結構功能論，考察市場、宗族與村落祭祀三者的共構關係。 b.採文化象徵理論，視村落祭祀為民間權威來源，探討其與國家官方權威之間的互動研究。 2.祭祀圈是一個思考架構，劃出祭祀範圍後，應該進行後續之社會、政治、經濟等因素之解釋。	打破圈圈：從「祭祀圈」到「後祭祀圈」	臺灣本土宗教研究的新視野和新思維：63-174

　　本文運用『祭祀範圍』一詞，主要是有別於祭祀圈的說法。圈，是屬於有形的群體所聚集而成的虛構區域，而且在圈內的者勢必得擔負著圈的維持不搖，然而這背後所支撐的機制在於信徒對神祇的虔誠度與丁口錢的收支，此外還有相類似的名詞如輪祀圈、信仰圈等相關的討論等，所以一直以來被視為理想性的空間範圍。許嘉明（1978）曾提出劃定祭祀圈範圍的四個指標，主要是 1. 出錢有份；2. 頭家爐主；3.巡境；4. 請神。林美容（1986）也提出了另一個指標，認為只要滿足一個以上的指標才有祭祀圈可言：1. 建廟或修廟居民共同出資；2. 有收丁錢或募捐；3. 有頭家爐主；4. 有演公戲；5. 有巡境；6. 有

其他共同的祭祀活動。而筆者提出『祭祀範圍』一詞，主要針對模糊不定的祭祀空間型態，隨時都可以因為環境的因素而產生變動，更無實質的約束力存在，屬於一種動態性的範圍，而且在祭祀範圍的指標中，在於三層制的組織、收緣金、不定時巡境。

　　祭祀範圍的空間型態，表面上是以祭祀主神（信仰）為主要集聚人群的力量，然而背後支撐信仰維持的原因究竟為何？甚至是底層的維繫能力到底為何？這是真正在研究中需要被討論的。正如同社會學者 Colin Bell 與 Howard Newby 主張的"community study"，其中最重要的條件在於「探討一個地域內社會制度間的相互關係」（the study of the interrelationships of social institutions in locality）（張珣 2003:25），意味著空間型態是著手研究時重要的劃分，也唯有先將空間範圍作界定，才得以能繼續進行地域內部的相關研究。

表 1-2　祭祀圈/範圍比較表

許嘉明	林美容	筆者
1、出錢有份	1、建廟或修廟居民共同出資 2、有收丁錢或募捐	1、緣金或自由捐獻
2、頭家爐主	3、有頭家爐主 4、有演公戲	2、爐主（各村輪流）－副爐主（大約等於村長）－首士（大約等於鄰長）三層制
3、巡境	5、有巡境	3、不定時巡境（由內部組織決定）

4、請神	6、有其他共同的祭祀活動。	

　　再者提及近年來熱門的客家研究，著重於信仰的部份，目前相關研究主要討論的有義民爺信仰、三官大帝信仰和媽祖信仰等。其中以義民爺的研究，相較其他客家信仰而言，成果較為豐碩。然而在整體的研究中，可區分為族群論述、宗教活動與社會結構的關聯和神格暨神祇功能性的討論等三種。尤其針對新埔枋寮義民廟為主體的討論，在期刊文章中就高達二十多篇（賴玉玲 2001:7-8），可見對於義民爺信仰，早已在無形中被型塑為客家信仰的代表。本文就宗教活動與社會結構的關聯來做討論，主要以莊英章＜新竹枋寮義民廟的建立及其社會文化意義＞、黃清漢《新埔義民廟祭祀圈結構之研究》和賴玉玲《新埔枋寮義民爺信仰與地方發展－以楊梅地區為例》等三篇，針對義民爺信仰與社會結構有較為深層的討論。黃清漢（1987）主要從義民爺祭祀圈的概念了解祭祀區內部的變化情形，以及祭祀圈與語言、婚姻等了解新埔義民廟祭祀圈的區域現象，最末提出祭典輪值順序和開墾次序、社會狀態、閩粵族群分布比例有關。莊英章（1989）提出義民崇拜與祖籍認同、漢人開拓史有密切的相關，主要從義民廟祭祀圈的形成、運作及整合的功能切入，除了可以反應移墾地區社會文化的意涵外，以期能看出移墾社會過渡到土著化社會的面貌。其中對於

聯庄的祭典活動，認為是客家族群的認同，村際間感情的聯繫
與社群力量的發展，所以針對義民廟對於客家地區在經濟功能
－義民嘗、文教功能－從提倡文教與獎勵功名到今日的義民中
學、防禦的功能－聯庄的自衛功能和社會功能中的祖籍認同、
尊儒以及教化四個功能作為驗證。然而賴玉玲（2001）以參與
義民爺祭典的楊梅地區為討論的個案，從楊梅的開發以及地方
社會的建構，了解楊梅地區在義民爺信仰的聯庄和參與祭典的
過程中與義民廟的關係。主要集結了關於義民爺信仰的相關研
究，說明祭祀活動和地方發展的關係，藉由不同的面向，透過
深入廟宇單位內部的發展型態，與外部的祭祀活動和聯莊意義
作結合。從義民爺信仰的確立、客家社會組織的發展切入，以
祭祀活動與地方社會的互動性，了解地方在義民信仰活動中的
角色以及地方發展的特色。進一步說，就是藉由義民爺信仰的
活動，除了對客家社會發展的本質釐清之外，還有了解信仰與
地方社會的相互關係，尤其提供了廟宇內外部的運作與社會的
關係。

　　除了義民信仰外，亦有客家人在媽祖信仰和三官大帝信仰
的相關論述。范明煥（2003）以新竹地區客家人在媽祖信仰的
研究為例，透由實用、多功能的角度提到客家人對於媽祖信仰
有一套祭祀的方式，也就是發展出與主神同祀，且與主神平分
了前半年的祭典活動，形成這種特色主要與新竹地區的拓墾背

景及族群關係有關,而且媽祖祭祀組織後來成為地方公眾人物或民意代表的養成所。

在另一篇文章中,范明煥(2004)以為三官大帝被漢移民從原鄉所攜帶而來,從實用性(功能性)的角色進入一般人的生活中,也就是進到在地化的轉變,而在地化的延伸即是神明會的出現和三官嘗。然而他從臺灣各地三官大帝廟宇的分布和族群關係的比對中,認為漢人在興建廟宇時面對實用性與族群關係(主要指福佬和客家)兩者必須兼顧時,通常會選擇大家都可以接受的三官大帝信仰,倘若是族群關係緊張的地方,則會選擇以原鄉的守護神凝聚向心力,所以三官大帝可算是族群融合的指標。范文以不同的角度在談三官大帝信仰與族群關係,然而他也提到三官大帝跟耕作的相關性,不過在文中並沒有說明跟農業的關聯性是如何連結而成。上述的兩篇文章,主要針對的是以客群居住地區信仰神祇來作為介紹,其中重要的是提到族群與信仰的關聯性,對於接下來的研究上,提供了一個不同的觀點。

而後談到在近幾年來爭議最大的問題:「三山國王廟是不是屬於客家人的信仰?」在對於三山國王廟和清代廣東的客群在臺灣的墾殖的關聯性,許多學者提出了不同的看法作為答辯。後期的研究者,則針對這個問題提出了澄清,尤其以邱彥貴、李國銘、陳春聲等都提出了不同的看法。

　　陳春聲（1995）認為，三山國王在大陸的信仰群體主要為潮州人和客家人，而且三山國王屬於地方性神祇。在臺灣的相關研究中，主要提出三山國王為客家人信仰的原因在於早期從粵東地方移居臺灣者多為客家人，結果一般人的印象中就認為「三山國王是客家移民的保護神」。由於臺灣的三山國王信仰主要經過了移民社會中的地緣認同而逐漸形成地方化的經歷，也就是變為一種多元，多層整合的地方化。主要指的是，當三山國王來到臺灣後，每座三山國王的廟宇有了自己的來歷，甚至被解釋為與「土地公」或「城隍」類似的神職出現。這裡主要談的是與原鄉不同面貌的比較，重要的是三山國王的信仰在臺灣，已經從原鄉基本的神話流傳，乃至於到國家冊封等發展過程，完全隨著移民社會而轉變。

　　邱彥貴在 1992 年所發表的文章中，關於他所檢視粵東一帶文獻的考察上，發現粵東三山國王廟的分布，除了有客縣以外，還包含福佬人所居住潮汕語系的地域範圍。然而在田野的實證中，他發覺桃園、新竹的湖口、新豐和竹北，苗栗的南庄、獅潭、大湖等客家地區，有些廟宇僅將三山國王列為隨祀，有的地區沒有三山國王廟，甚至連聽都沒聽過。然而他在宜蘭所做的調查中，發現宜蘭有全臺最多的三山國王廟，然而卻在1926 年的鄉貫調查中呈現出相當低比例的粵籍居民，尤其在調查中發現，三山國王為十九世紀由漳州府移入的移民所攜帶，

其中福佬客家都有,目前為不分族群共同奉祀。不過他所提出重要的一個觀點就是:宜蘭三山國王的發展並非突顯客群意識,或者作為與閩南人分類的基礎,而是在於具有防番的功能,可區別漢番的背景下發展出來。

李國銘(2000)在文章中開宗明義的提到:三山國王是粵東地方的守護神。崇拜三山國王的信徒是跨族群、跨方言界線的。他提出主要崇拜三山國王的有三種人:畬族、潮州人和客家人。主要是談三山國王與甌駱人的關係,內容中提到的甌駱人指的是中原人士用來指稱東南沿海一帶,從浙江南部到越南北部,西到廣西貴州的土著民族,這是從語言稱呼推及到歷史過程中名稱的轉變。不過最末提出,客群南遷嶺南時,由於在地化日子久了,就也接受了當地的信仰。三山國王信仰可能是嶺南粵東當地的原生文化,客家人南遷後也漸漸接受了這種信仰。

而後邱彥貴(2002)重新針對三山國王信仰是否能作為客家方言群／族群識別標誌的說法,透由「三山國王是臺灣客家的特有信仰?」這個議題中,整體的論述、賦予標題的名稱以及其他區域的客家是否也是以三山國王為信仰這三個問題進行探討與檢証。在整體論述的部份,他提出桃園縣全境和新竹縣北區湖口、新豐、竹北三鄉鎮、苗栗縣內山一帶的南庄、獅潭、大湖等客家地區,有的三山國王並未形成主神、有的沒有

三山國王廟，甚至未曾聽過有人信仰，所以認為客家人不一定
都知道此種信仰。而賦予標題的名稱上，多數的研究都認為移
民以原籍鄉土神明凝聚社群，然而地域性社群是否同為地域性
的語言群，這是需要深入研究的問題。而在第三部份，主要從
信徒與移民原居地去找尋，作者提出了三山國王在中國本土的
信仰，以潮州府、嘉應直隸州、惠州府以及其他客家地區等，
除了對應區域外，還有對照語言群的分布，發現三山國王的信
仰僅可以識別移民所來自的地域，與語言群並無相關。接續在
這個問題之下，作者提出了「研究史中的客家與三山國王廟的
關聯從何而來？」然而，終究要透過全面性的廟宇調查與社區
歷史，甚至是另一種功能面貌的呈現，才能真正回到問題的根
源做解釋。

　　三山國王的爭論迄今已暫時告一段落，目前在相關的研究
上，對於三山國王是否為客家人獨有的信仰，雖已不言而喻。
然而真正背後所呈現的問題在於「三山國王為臺灣客家人特有
的信仰」這樣的論述，根源到底在哪裡？

　　然而花蓮客家移民的移入時間主要集中在日治中期到晚
期，在清季的記載中以「漢人」為統攝，並未有漢系內族群的

區別。[8]即使如此,客群在清朝「開山撫番」的政策下,移往東部拓墾的人數無法計數,僅能推測客家人並未在移民潮中缺席。然而東部地區直到清末則由日本總督府的調查才有比較精確的人口數目。也因此,針對日治時期漢人到東部的遷移過程,以及依循著祖籍省別區分成福建和廣東兩籍(田代安定1985:39-41),就在此時開始有了完整的記載和描述。

針對日據時期花蓮的研究,歷來可見。從陳彩裕(1983)透過日據時期人口、殖產及農業資料,運用統計方法,分析出新竹州人口移入花蓮港廳,主要以佃農為主。而影響佃農遷徙的原因,除了經濟面向、種族的關係外,也考量著心理的層面:遷徙後的安定與否。以花蓮港廳為例,對於當時尚未開墾土地的租佃慣例,的確對佃農的考量有決定性的影響和期待。孟祥瀚(2002)除了從統計資料中的人口資料爬梳出日據時期的主要客群聚落分布外,進一步認為政府政策與移民的期待是造成花蓮地區客家移民的誘因。然而陳正祥(1954)則從環境條件,探討墾殖和移民的可能性。文中多從自然環境與土地利用的相關、開拓移民與農業以及聚落、交通等方面為切入點,重新思考東部縱谷地帶的開發及影響。施添福(1995)則討論日治時

---

[8] 在張永楨(1986)與孟祥瀚(1988)的論文中,並無將漢人區分為福佬或客家兩大族群做個別的討論。

期臺灣總督府在東臺灣的開發，和土地拓墾與產業經營的特徵，以及對於東臺灣區域的相關影響。除了對日治時期花東地區的產業以及區域的發展提供了完整的敘述外，有助於了解日治時期日人對於花東地區開發規劃和經營。

四、方法暨章節安排

　　對於東部這個二次移民的大區域，歷年來少有移民信仰的討論相關的論文。[9]本文以《續修花蓮縣志‧族群篇》內的客家族群作為基本的資料，透過這些田野資料整理出鄉鎮內客家人的信仰中心。此外，包括文獻叢刊－臺東州採訪冊、稗海遊記、噶瑪蘭志略等；日治時期官方的調查報告、期刊等；戰後移入的相關研究、縣志、前人著作，還有相關廟宇的文書記載，提供不同時期整個花蓮地區環境的變動、社會關係與人群的關連性。稱做「客家人的信仰中心」，係以該鄉鎮內客群人口較為集中的聚落，而且廟宇活動參與者多為客家人為主，有些廟宇當地人更直呼為「客家廟」。接著透由文獻的蒐集，了解前人

---

[9]　江美瑤的論文處理了關山鎮與鹿野鄉的廟宇與祭祀組織，她從村廟與神明會看出宗教組織有助於不同族群間的融合，顯示出祭祀區域與組織所形成的社會空間組織，有整合不同族群的社會功能（江美瑤 1997:146）。

對於東臺灣移民研究上的成果，藉由移民的開拓史，以及日據時期移民的型態和移民群體的背景做相關的論述。對於戰後的移民所攜帶之信仰神祇，後來形成地方公廟的原因主要透過訪談和分析，獲得重要的訊息，包括廟宇的建立情形、祭祀範圍的分布及變動、參與祭祀者的背景等。

關於廟宇的緣由，多以田野調查為主。然而戰後所形成的廟宇為多，僅選擇以該鄉鎮客家人口較為集中的村落，而且多數客家人參與的祭祀活動，甚至有些當地人稱作「客家廟」的廟宇。此外，透過訪談，可以彌補文獻資料的不足，甚至是廟宇內部人際互動的情形，將廟宇視為整個區域內部的人群互動與社會的發展面貌，可以獲得重要的訊息。

本文所提的移民信仰，主要是針對臺灣島內二次移民將原鄉的公眾信仰帶到東部，經歷了家庭祭祀－公眾祭祀－建廟－公廟形成的過程，而成為移民群體的信仰中心，也就是從信仰型態、時間及環境的交互中所產生出的多重意義。文中探討的對象為日治時期大量移入花蓮地區的客家人，尤其在這族群分布複雜的區域參與競爭與找尋落腳處，而在大環境的影響下，

不得不選擇以「隱性族群」的型態作為生存的方式。[10]然而在這片土地爬梳客群的蹤跡，有其困難性存在，尤其是客群保守的心態與語言的天份，總讓人尋不著邊際。只能從較年長的報導人口中，得知關於客家人的客家事，以及客家聚落的存在。

　　整體而言，本篇論文倚重於田野調查，主要是因為在基礎資料的蒐集上，僅能針對當時的環境和背景多加對照，以田野調查為主軸，基礎資料作為佐證，以及協助了解當時的信仰形成與人群及相關的分布狀態。

　　本文的研究廟宇位於現今的花蓮縣吉安鄉，清朝時原為阿美族的居住的地區，然而清中期開始有漢人到此開墾，但數量還是不敵阿美族人。直到日據時期進行的農業移民，加上西部漢人大量移入，使得本區開始產生轉變。除了族群分布的變動外，土地的運用也由荒蕪變為農業的產業型態，現今更邁向都市化發展。然而探討移民信仰在地化過程所產生的特殊性外，藉由神祇與特定產業的人群做結合，除了可以看到祭祀範圍的消長外，亦可驗證區域發展的快速。

---

[10] 張振岳以「雙面人」稱做東部的客家人，認為福佬人口的優勢型態，使得客家人不得不學習福佬話以因應鄉里間的談話（張振岳1994）。徐正光則認為，這樣的族群性格，主要是客家人在環境不利於生存競爭時，模糊的隱形人身分有助於保護自己，作為靈活的調適（徐正光 1991）。

　　文中的第二章,主要是針對花蓮地區客家人的信仰中心做描述,以廟宇作為出發點,觀察花蓮地區客群信仰的情形,主要強調移民所攜帶神祇而來的歷史背景、神祇所賦予的特殊意義以及與祭祀相關意涵的描述。

　　緊接著第三章將以吉安五穀宮的外在環境背景為探討。第三章首先將吉安的自然環境作討論,並從吉安鄉的人文環境以及族群的分布作相關的介紹,除了可以了解整個吉安鄉的人群分布的概況外,還有環境對於人文活動的影響。再者,從整個吉安鄉都市化的過程,尤其日治時期以來,吉安從農業社會型態轉型漸漸轉變為商業的型態,尤其是鄰近花蓮市的地區,變動明顯的更大。主要從人口、職業等相關人口統計中,討論吉安鄉人口的變動。此外,雖然吉安鄉都一直被視為花蓮市的衛星城市,然而在整個區域內部,可以看見傳統的農業和近期內積極發展的商業共同存在的現象,內部間差異是否形成接下來四五章所探討的信仰與社會組織變動的情形,本章可以作為一個對於區域了解的基礎討論。

　　第四、五章以五穀宮為中心,討論五穀宮在歷史過程中的角色變動。第四章討論五穀宮的祭祀範圍與祭祀者的職業的關聯性,與第三章的農業人口作比對,了解五穀宮受到外在環境的影響而轉變,早期主要為從事農業活動者祭祀的神祇,由於大環境的變動,農業人口的減少,都市化造成的外來人口移

入，祭祀範圍因而縮小，藉此討論與吉安鄉整個環境變動的相關性。第五章主要針對戰後五穀宮內部組織以及外部團體共同形塑屬於客群的祭祀範圍。內部團體主要以五穀宮內部的主任委員為探討，而外部團體主要以目前借助於五穀宮作為客家文化推展的花蓮縣客家文化研究推展協會兩個部分來討論。此外，並討論戰後吉安鄉透由五穀宮所發展的地方菁英的角色變動，透由五穀宮將地方/國家政權納入。由上述的探討，了解由一個功能性質信仰的廟宇轉變成以族群為代稱的廟宇之間的變動過程，這背後的形成的原因。

第六章總結，主要討論移民信仰的特殊性。藉由移民信仰的討論，與大環境的相關性，探討移民信仰中特殊的型態，如信仰中廟宇背後所呈現的意義的轉變，標榜強烈的族群意識信仰的形成等作為結論。

五穀宮內部

第二章

三個不同歷史時期下
的信仰形成

綜觀花蓮的客家信仰，是以多數客家人參與的廟宇為討論，不過標榜著族群共和面貌的廟宇依舊佔有多數。所以在本文中，僅止於介紹部份廟宇的形成以及神祇背後所代表特殊的意涵。再者，本章主要作為一個整體的論述，雖然在歷史過程的發展上，有些被歸類為福佬信仰中的神祇，如關聖帝君等，如何為後來移入的客群所接受，為何接受？背後所呈現的意義是什麼？留待後續的研究中討論。關於花蓮客家的信仰形成大抵可以分為三個不同的時期來討論：

第一節　原漢關係—清領時期

表 2-1 清領時期所建之廟宇

鄉鎮	信仰主要村/聚落	移民原鄉	神源	信仰廟宇	主祭神	建廟時期	備註
瑞穗鄉	富興、富源、富民村	苗栗、新竹	（清軍所帶）	保安宮	城隍尊神	清光緒14年	官
	信眾分布範圍：瑞北、富源、富興、富民與光復的大豐、大富						
	瑞北	苗栗、新竹	清代吳光亮	三元宮	三官大帝	清末	官
富里鄉	東里、萬寧、吳江（三區輪值）	屏東	屏東	玉蓮寺	觀世音菩薩（客平共祀）	清同治10年	民

玉里鎮	河西各里（玉里鎮大部份）	新竹、苗栗	（清軍所帶）	協天宮	關聖帝君	清光緒7年	官

資料來源：1.康培德總編，《續修花蓮縣志 族群篇》。（花蓮：花蓮縣政府文化局，2004），頁221-304。
2.筆者訪談資料整理。

一、背景

　　東部地區的開發雖始於清代，不過對後山政策的搖擺不定，使得東部在開發的過程中，呈現出緩慢的狀態。整體而言，北路的開拓都宣告失敗，除了地方環境的惡劣與番害外，移墾者心理的不安也是重要因素。從朱一貴亂後，清政府採行隔絕的政策隔離漢番，民番劃界，不准漢民出入。自嘉慶以來，進入東部開墾者日益，北部一帶有宜蘭人李享、莊找在奇萊向五社通事買地開墾。[1]接著是道光年間的吳全招募噶瑪蘭人前往開墾，主要在木瓜溪一帶開墾，當時為防禦木瓜番的攻擊，於是築土城而稱為「吳全城」。還有咸豐年間的黃阿鳳，集資招募窮民在美崙山西北處一帶和德其黎溪畔一帶拓墾（駱香林1953:11）。而南路的開墾大約在咸豐年間開始進入，多分布在卑南一帶或成廣澳附近居住（陳英 1960:81），平埔族群也在道光年間移入，居於大庄。相傳在清末開始形成信仰的富里大

---

[1] 以孟祥瀚的說法，這五社是指荳蘭、薄薄、美樓、拔便、七腳川等社，而土地是向上述頭目，異地拓墾。

庄玉蓮寺，據說是跟著平埔族遷移而來的漢人所攜帶。

然而東部真正的開發始於清季的開山撫番政策，在丁日昌接手開山撫番工作之時，雖是以海防為最終的考量，但軍事上則將吳光亮部署移駐璞石閣水尾一帶，北控制從蘇澳到新城各營移駐奇萊，南則連絡秀姑巒及卑南一帶。在墾務上，從璞石閣、水尾、秀姑巒以達奇萊和新城一帶亦由吳光亮負責。從當時的佈局來看，可以知道在拓墾的地區已由南北兩端進入到縱谷地帶，而且在招募墾民之時，也希望能夠寓民於農工，雖然以兵勇開闢道路，作為拓墾的先鋒，而墾民所墾的田地範圍大多在軍隊駐紮的地方，甚至亦有兵勇自行開墾土地。所以花東縱谷中段的聚落發展，與官方軍事控制以及布農族侵擾，有一定的關聯性存在（林聖欽 1995:62）。而在當時整個後山的軍事分布，漢番大抵而言是分立的，而且駐軍的分布也多位在漢番的分界上。

二、人群組成

此時期的人群組成，主要還是以原住民居多，漢人的移入，主要以開山撫番時移入的兵民為主體，居住分布地區主要從蘇澳、新城、奇萊、水尾、秀姑巒到卑南一帶，也就是漢番的交界處。雖然開山撫番政策前亦有少部份進入東部開墾的漢人，北路主要是以木瓜溪一帶和美崙山、德其黎溪河畔一帶為

分布地區，實際上所停留的時間並不長久，而且在相關的記載上，並未有當時所留下的信仰傳說或廟宇。而南路主要分布在卑南或成廣澳附近一帶，還有居住於大庄的平埔族群。

三、信仰的形成與意涵

傳說保安宮、三元宮以及協天宮，皆為當時官方祭祀。劉枝萬認為，清代寺廟大抵可以分成四個階段：

表 2-2 清代臺灣廟宇發展之階段

時期	特徵	祭祀中心	備註
先民開創時期	初期拓墾，隨身攜帶鼎盛寺廟香火	隨掛護符、粗造小廟	
庄社構成時期	村莊基礎奠基，定居	土地祠、其他守護神	
庄社發展時期	街肆	宏敞寺廟：文昌祠、齋堂、職業守護神、鄉土神、家廟祠堂	
城市形成時期	城鎮（郡城、邑治）	文廟、城隍廟、社稷壇、節孝祠、旌義祠、昭忠祠	官設

資料來源：劉枝萬，〈清代臺灣之寺廟（一）〉，《臺北文獻》4，頁 101-102。

以瑞穗的保安宮而言，是屬於「拔仔庄」富源、富興和富民居民的信仰中心，主要供奉城隍爺。關於「城隍」意義的起源，有下列二種說法：其一，城隍二字原意為城池，城指城郭，隍為繞城之河溝，有水稱池，無水稱隍，城隍原指城郭溝池而言。城隍由原城池濠溝之建築物轉為神，再由保城之神轉為各

省、府、州、縣官民崇拜之地方神（仇德哉 1983:168）。另一說法則認為城隍之設，旨在防禦強寇之入侵而且清政府對城隍恭敬有加（范明煥 2004:57），領臺之後極力推崇拜城隍，藉以馴服人心（余光弘 1983:67）。源於清光緒十四年的保安宮，由於當時雖有土城保護拔仔兵，但為求心靈寄託，故有供奉城隍爺的提議，而且在 1888 年 （清光緒十四年）由拔仔庄總理謝芳榮建茅屋一間祭祀城隍，也由於城隍負有陰間保安任務，故稱保安宮。由此可知，關於保安宮的傳說是有其意義存在，祭祀者主要為駐軍及當時依附駐軍拓墾的墾民，以劉萬枝提到清代寺廟的四個階段來看期，雖未有如劉所說的郡城或邑治的形成，然而根據當時水尾地區的情況由於城隍廟的設立已經發揮了相當的功能。

然而在記載中提到協天宮的來由：相傳在同治年間，當時駐紮樸石閣的官兵水土不服而染病，疫情嚴重，吳光亮只好祈求由部屬從大陸所攜帶的「關聖帝君」香火，祈求四境平安，撫屯工作順利。而後神祇靈驗，軍民病疫痊癒，連鄰近的村落大庄遭疫病，聞訊趕來拜求者亦多。後來在光緒七年擴大廟宇的規模，由吳光亮命名為「協天宮」，且親提「後山保障」之匾額懸掛於內。[2]有一說提到，清代之所以崇祀關公的目的，主

---

[2]　協天宮廟誌。（時間/作者不詳）

要在鼓舞兵勇士氣，也由於人民崇拜關公的風氣也很盛，因而官方竭力褒揚關公的忠義，企圖轉民眾的信仰而效忠朝廷，杜絕民眾抗清而生民變（莊芳榮 1995:64）。也就是說，官方也可能對於民亂的恐懼，進而積極推動民眾祭祀，也可能透過編造的神蹟，企圖拉攏人心並間接鼓舞士氣。不過協天宮的形成，接近劉萬枝所提出清代寺廟的前三階段，從先民開創時期的疫病而起，到了庄社構成的時期，隨著漢人社會日益的複雜，然而其他守護神或菩薩的祭祀也隨之而入，雖庄社之規模並非如劉所說如西部，而後也因為不同移民所攜帶鄉土神而成為守護神。

三元宮主要的祭祀神祇為三官大帝。三官大帝為天、地、水三官合稱為三官大帝或三官上帝，臺灣有稱為三界公。關於三官大帝的傳說有二：一則與咸豐元年沈保楨來臺，有人從唐山請來三官大帝香火有關，另一則與吳光亮駐兵瑞北，將三官大帝安奉於此，供信徒膜拜（姚誠 2004:198）。不過三官大帝是如何形成，是何方神聖，倒是鮮少人知道，只知道漢人入臺拓墾後，這是一個極為普遍的信仰。范明煥從移民的背景提出，天地水三官大帝是和耕作密不可分的神明，所以並非僅為客群的信仰。而且他從族群關係的角度提到，三官信仰除了可以因應移民實用性的祭祀觀點外，也可以作為族群合作關係融洽的共同祭祀，這樣的現象會出現在族群關係較為緩和的地方

（范明煥 2004:20）。倘若由官方安俸來看，三官大帝對於這個時期的意義到底是什麼？在胡傳《臺灣日記與秉啟》中對三官大帝有下列描述：

> 三元宮、三官廟，各行省皆有之，而未知所祀何神。東華錄載有順治十四年三元宮、三官廟，各行省皆有之，而未知所祀何神。東華錄載有順治十四年御製盛京三元神廟碑文云：「道書，神有天地水府之別。國家當干戈擾攘之際，急圖康阜，使時和年豐，室盧相慶，則天官賜福主之。其或貫索未空，全氣猶沴，使斯民秉德格非，遠刑罰而登老壽，則地官赦罪主之。又或大軍之致凶年，大荒之消其害氣，則水官解厄主之（胡傳1960:86）。

如果由官方所設，主要與當時的環境背景有關，關於祭祀三官大帝，就符合上述碑文所說的意涵：賜福、赦罪和解厄。也就是說，三官大帝所扮演的多重角色，在官民的心目中，儼然已經成為日常生活的一部份。

玉蓮寺主要位在大庄（今東里），當時是以平埔族人口居多，客群次之。據說玉蓮寺的觀音信仰發跡於清代，由當時跟隨著平埔族移入的南部移民所攜帶，直到大正年間由庄內人士邱安德發起建廟，平埔族人潘阿旺、潘阿反等人響應。從玉蓮寺觀音信仰形成的傳說中，可知是當時平漢的和平關係所形成

之信仰風貌。然而觀音信仰在臺灣民間信仰中是非常普遍的，主要是因爲臺灣地理環境及多數移民的風俗習慣和反映出民衆急於對現世利益實現（姚麗香 1984）。李世偉提到，隨著中國大陸移民的傳入，臺灣的觀音信仰有增無減，然而從日據時期宮本延人的宗教調查中發現：全臺主祀觀音的寺廟雖然比媽祖廟少 22 座，居 304 座中的第四位，但在一般家庭裡安置的觀音像，以及與家庭成員的親密性上，則遙遙領先媽祖（李世偉 2004:303）。仇德哉統計臺灣地區主神寺廟顯示，以觀世音爲主神的寺廟就超過六百間，數量僅次於王爺，可知確實相當興盛（仇德哉 1988:89）。一般民間信仰都認爲觀世音菩薩有救苦救難、慈悲助世的精神，神佛在移民社會，都是因應環境、不安的心靈和疫病而起。 所以玉蓮寺在這樣的背景發展下，不論在形成廟宇，甚至是祭祀活動，不分族群的參與隨即由此地展開。

四、小結

　　這個時期形成的神祇信仰主要集中在南區。以富里的玉蓮寺而言，祭祀所屬的範圍是北區的東里、吳江和萬寧（北三村），是鄉內最早開發的地方。[3] 從建廟的起源來看，平埔族人

---

[3] 　根據張振岳的田野調查資料，引自富里鄉誌初稿。（未出版）

也參與了廟宇的興建，可以知道當時族群的互動良好。再者，相較於平埔族晚移入的福佬和客家所攜帶的家鄉信仰，本來係由各家自祀，但當時的怪疫，民眾在求神後治癒，後來將自家祀神移入玉蓮寺中「寄祀」，形成移民的信仰中心。[4]

然而協天宮的形成與清代吳光亮的開山撫番有關，其中提到根本的原因由於當時官民的疫病得到關聖帝君的救助。不過關聖帝君的奉祀在臺灣的開拓中是受到官方的鼓勵，所以可說是官、軍、民等均奉的神明（余光弘 1983:90）。由於玉里鎮境內的族群分布複雜，除了漢籍移民外，還有原本居住在這片土地上的阿美族人，還有邊境的布農族以及清道光年間移入的平埔族人。協天宮的形成雖與開山撫番政策有關，然而日治時期產業的發展，使得原住民和移入的漢人都成為農工，在相處上維持穩定的關係，戰後也有阿美族人和漢化的平埔族人加入祭祀行列。

拔仔庄因有土城保護士兵，為求心靈寄託，故有供奉城隍爺之議，而且在 1888 年（清光緒十四年）由拔仔庄總理謝芳

---

[4] 這裡所說的「寄祀」，主要是指各地移民所攜帶的鄉土神，如清水祖師、保儀尊王、保儀大夫等。清水祖師在民國四十年由臺北縣三峽鎮長福巖分出，目前由信徒自組清水祖師會辦理祭儀。而保儀尊王由臺北市景美區集應廟分出，保儀大夫由臺北市木柵區忠順廟分出，並無神明會組織。

榮建茅屋一間祭祀城隍，稱作保安宮。關於保安宮的傳說主要
為防禦強寇之入侵，而且參與祭祀者主要為駐軍及當時依附駐
軍而拓墾之區的墾民為主，然而城隍廟的設立標示著當時水尾
地區的郡城或邑治已達成熟階段。

　　位於瑞北的三元宮，相傳也為吳光亮所攜帶而來。關於三
官大帝的信仰，在移民過程中所扮演的角色，在日常生活中不
可缺少，也與耕作形成密不可分的關係，因為三官大帝所呈現
的意涵，深達農業生活型態的居民內心。

　　從廟宇座落的位置來看，以當時位於漢番邊界上的保安
宮、協天宮、三元宮而言，可能因為當時的漢番間形成對立的
關係，官方駐守於邊界上，一方面是預防生番的出草，一方面
是保護拓墾的人民，所以信仰者大多為駐軍或沿著駐紮軍隊區
域拓墾的墾民。然而較為特別的玉蓮寺，則是平和的漢番關係
所形成，而且是屬於漢番的共同信仰。

五穀大帝

五穀宮全貌

第二節 移民信仰的初衷—清末到日治時期

表 2-3 清末到日治時期形成之廟宇

鄉鎮	信仰主要村/聚落	移民原鄉	神源	信仰廟宇	主祭神	建廟時期	備註
壽豐鄉	豐山村、豐裡、豐坪村（三村輪值）	苗栗、新竹	日治：豐田神社	碧蓮寺	原為不動明王戰後改祀釋迦牟尼佛（移民村）	大正八年（民35改名）	民
鳳林鎮	長橋里	新竹、苗栗	枋寮義民廟	褒忠亭	義民爺	日治	民
光復鄉	大豐村、大富村	苗栗	宜蘭二結	富安宮	古公三王（蔗農信仰）	日治	民
富里鄉	南區七村（四區輪值）	新竹、苗栗	屏東	義聖宮	關聖帝君	明治40年（清光緒移民所攜帶）	民

資料來源：1.康培德總編，《續修花蓮縣志 族群篇》。（花蓮：花蓮縣政府文化局，2004），頁221-304。
2.筆者訪談資料整理。

一、背景

日治時期，漢人大量移入，主要與日本人對東部地區的殖

民政策有相關（孟祥瀚 2002）。然而從 1896 年展開的私營移民，首開賀田組的農業移民，由於天災（自然災害頻仍）人禍（指原住民的攻擊）而宣告失敗，繼起接續的是由官方主導的官營移民，提供了大量的獎勵和保護措施，先後建立了吉野、豐田和林田等三個移民村，然而在當時由於衛生和治安問題未改善，加上自然環境的險惡及政府財政負擔沉重，還是在 1917 年宣告停頓，改由花蓮港廳接手管轄（張素玢 2001:458-459）。後來總督府在 1922 年改變移住政策，以臺灣人為主，另外在臺東又開始辦理官營移民。正當日人開拓東部之際，雖然日籍人口大量的移入，然而在 1917 年總督府停辦農業移民之後，日籍人口大降，取而代之的是本島人的持續增加。在當時，遷入花東地區居住在日本移民村外圍的漢人，多為佃農身分，而且以從臺北和新竹州來的佃農為多，由於日治時期的臺北州和新竹州，從清領時期以來，土地集中化的趨勢嚴重，農家的耕作面積零細，而且地主對僱農極端苛刻，缺乏有保障的租佃慣例，對當時西部和北部的僱農或者農家而言，對於花蓮極為嚮往。後來移住花蓮的漢人，多圍繞在移民村外圍居住從事佃農或者是會社工。從日本當時開拓的政策轉變來看，主要與自然環境和番害有相關，而移民群就是在這樣的政策變動過程中大量移入。

二、人群分布概況

　　清末到日治時期，對於整個東臺灣而言，屬於人群高度的變動時期。除了是因為日本的官方政策外，還有西部大環境所形成的社會壓力，迫使大量的漢人在日治時期移入。然而人群的組成不再僅止於原住民，屬於漢人的福佬和客家人漸進的移入，對於區域也形成了不少衝擊。根據 1896 年（明治 29 年）田代安定的調查，廣東籍人口主要分布在璞石閣（今玉里）、打馬烟庄（瑞穗鄉瑞北村）、拔仔庄（瑞穗鄉富源村）、大巴塱庄（光復鄉大巴塱一帶），而且多來自臺南。（參考表 3）。

表 2-4　1896 年（明治二十九年）東部（花蓮）漢籍人口

庄名	人族別	戶數	人口	備註
新城庄	清國詔安縣、漳浦縣、龍溪縣	14	67	經宜蘭移來
	廣東大浦縣	1	5	
加禮宛五庄	湖南籍其他清國并本島出生	16	48	宜蘭其他各所移來
	廣東人	19	63	經臺南縣（原臺南府）地方移來
十六股庄	清國并本島出生混雜	73	275	經各所移住，過半宜蘭
三仙河庄	同	12	47	同
新港街庄	同	6	19	宜蘭移來
農兵庄	同	38	130	各所移來
花蓮港街	同	60	206	臺南縣（原臺南府）、臺北各所移來
	廣東人	4	12	

馬太安社	清國并本島出生	10	46	各所移來
大巴塱庄	同	10	54	同
	廣東人	13	61	經臺南地方移來
鎮平庄	清國并本島出生	22	71	各所移來
拔仔庄	同	15	68	同
	廣東人	12	64	臺南其他各所移來
打馬烟庄	清國并本島出生	4	34	同
	廣東人	9	46	同
水尾仙庄	清國并本島出生	6	16	臺南其他各所移來
迪街	同	6	38	同
新塱庄	同	11	未詳	同
璞石閣莊	同	39	152	同
	廣東人	41	160	同
中城庄	本島出生	1	4	同
	廣東人	7	34	同
上城庄	同	11		同
客人城庄	同	16		同
織羅庄 平埔人族	同 平埔雜住	未詳		同
媽汝庄 （松浦）	平埔熟番中本島支那人混住	未詳		同
平埔人庄ノ內	廣東人	約3戶		同
大狗寮庄 阿眉蕃多數	同	1	6	同
公埔庄 平埔人庄ノ內	同	約3戶		同

資料來源：整理自田代安定，《臺東殖民地豫察報文》，頁38-39。

再以昭和時期的調查報告，可以看到客家聚落開始明顯的形成。以昭和五年來說，客家人口數高於其他族群的聚落有鳳

林支廳下鳳林區內的鳳林、林田村和萬里橋村（萬榮里），瑞

穗區的瑞穗村，玉里支廳下玉里庄的三笠村（今三民里）及末

廣村（大禹里）和玉里等。昭和十年則爲花蓮港支廳下壽區的

豐田村，鳳林支廳下鳳林區的鳳林、林田村、萬里橋村、六階

鼻（今山興里），瑞穗區的瑞穗村，玉里支廳下玉里庄的三笠

村及末廣村和玉里，還有大庄區的頭人埔（今竹田村）、公埔

（今富里村）、堵港埔等。

表 2-5　1930（昭和五年）/1940（昭和十年）花蓮港廳各支廳人口之
數量

		漢人總數		福建籍		廣東籍		其他		平埔族		高山族	
		昭5（1930）	昭10（1935）	昭5	昭10	昭5	昭10	昭5	昭10	昭5	昭10	昭5	昭10
花蓮港廳		32045	93748	19173	27473	12872	21333	1	2	5673	6009	41552	38931
花蓮港支廳		11332	28620	9679	15277	1653	4318	1	2	864	857	7153	8166
花蓮港街		5740	9405	5288	7666	362	913	0	0	237	230	480	596
	花蓮港	5434	7849	4997	6729	437	777	0	0	167	153	318	190
	米崙	306	1556	291	937	15	136	0	0	70	77	162	406
吉野區		580	1678	543	913	37	397	0	0	121	35	302	333
	吉野村	580	1678	543	913	37	397	0	0	121	35	302	333
平		2898	10383	2284	4370	614	1665	0	0	356	347	3455	3974

野區													
	薄薄	677	3252	439	1482	238	616	0	0	27	27	1043	1127
	里漏	279	1205	149	229	130	348	0	0	10	23	551	605
	荳蘭	281	1979	238	418	43	316	0	0	13	28	1171	1217
	軍威	267	807	202	807	65	108	0	0	0	2	98	177
	平野村	244	285	204	253	40	32	0	0	6	0	4	0
	加禮宛	440	962	389	517	51	120	0	0	244	237	98	88
	十六股	452	760	419	587	33	33	0	0	32	24	98	116
	歸化	258	1133	244	364	14	92	0	0	24	33	392	644
壽區		2105	5809	1564	2166	541	1307	1	2	148	216	1880	2118
	賀田村	660	1089	592	802	68	180	0	0	21	10	89	97
	壽村	763	2157	570	715	193	394	1	0	82	108	857	940
	月眉	375	1042	155	176	220	217	0	1	11	22	549	626
	豐田村	307	1521	247	473	50	516	0	1	34	76	385	455
蕃地		9	1345	0	162	9	36	0	0	2	2	1036	1145
鳳林支廳		11357	31657	5235	6605	6122	9476	0	0	675	685	12623	14873
鳳林區		6580	15587	2678	3352	3902	6010	0	0	128	113	5466	6112
	鳳林	2195	3566	559	612	1636	2414	0	0	2	7	448	533

	林田村	1745	2400	642	648	1103	1731	0	0	28	4	129	17
	萬里橋村	647	905	263	255	384	619	0	0	12	11	51	20
	六階鼻	232	590	132	192	100	205	0	0	39	30	127	163
	馬太鞍	1105	4384	737	1238	368	619	0	0	31	46	2086	2481
	大巴塱	656	3742	345	407	311	422	0	0	16	15	2625	2898
新社區		598	4013	244	497	354	393	0	0	429	455	2325	2668
	水璉尾	417	1091	164	387	253	226	0	0	39	50	377	428
	加路蘭	34	217	16	30	18	16	0	0	61	43	128	128
	新社	15	487	12	23	3	44	0	0	197	209	176	211
	貓公	30	970	8	9	22	47	0	0	38	38	737	876
	姑律	1	90	1	5	0	0	0	0	58	57	10	28
	石梯	3	61	3	1	0	0	0	0	32	43	11	17
	大港口	45	603	30	32	15	12	0	0	2	7	513	552
	納納	53	494	10	10	43	48	0	0	2	8	373	428
瑞穗區		3895	9807	2128	2742	1767	3049	0	0	113	115	3646	3901
	拔子	460	2200	154	214	306	455	0	0	3	13	1440	1518
	大和	1901	2930	1195	1410	706	1141	0	0	66	43	247	336

	村												
	烏鴉立	107	845	57	50	50	81	0	0	10	3	665	735
	瑞穗村	1264	2412	617	948	647	1248	0	0	22	28	172	188
	奇密	109	550	72	31	37	46	0	0	6	11	472	462
	舞鶴	54	870	33	82	21	109	0	0	6	17	650	662
蕃地		284	2250	185	14	99	24	0	0	5	2	1186	2210
玉里支廳		7319	23725	2693	3689	4626	7282	0	0	4005	4376	7837	8378
玉里庄		4372	12123	1601	2177	2771	4097	0	0	1222	1258	4078	4591
	三笠村	411	773	195	188	216	382	0	0	114	99	90	104
	末廣村	409	921	83	107	326	506	0	0	28	27	220	281
	織羅	260	1739	93	92	167	270	0	0	72	59	1231	1318
	觀音山	366	2416	195	195	171	208	0	0	616	611	1191	1402
	玉里	2550	4347	954	1504	1596	2272	0	0	170	201	301	370
	下勞灣	315	1528	45	49	270	386	0	0	95	98	893	995
	長良村	71	399	46	42	25	73	0	0	127	163	152	121
大庄區		2719	8347	1059	1472	1660	3011	0	0	2774	3118	694	746
	大庄	591	1653	209	277	382	531	0	0	727	821	14	24

	頤人埔	682	2106	168	237	514	921	0	0	747	764	177	184
	公埔	1303	3803	579	777	724	1312	0	0	1167	1304	392	410
	堵港埔	233	785	103	181	130	247	0	0	133	229	111	128
蕃地		228	3255	33	40	195	174	0	0	9	0	3065	3041
研海支廳		1745	9746	1452	1902	293	257	0	0	123	91	7063	7496
研海區		1477	1792	1331	1670	146	122	0	0	117	90	187	300
	新城	760	1089	705	1022	55	67	0	0	80	64	66	172
	北埔	717	703	626	648	91	55	0	0	37	26	121	128
蕃地		268	367	121	232	147	135	0	0	6	1	6876	7196

資料來源：臺灣總督府臨時國勢調查部，《昭和五年國勢調查結果中
間報》，頁 16-21。《昭和十年國勢調查結果表》，頁 296-301。
淺色：表示昭和五年以客群為主要人口組成的聚落。
深色：表示昭和十年以客群為主要人口組成的聚落。

　　從表 2-3 的廟宇所在地來看，除了玉蓮寺和富安宮外，其
餘的碧蓮寺、褒忠亭和義聖宮，都位在當時客群的主要聚落
內。玉蓮寺主要位在大庄（今東里），從國勢調查結果表來看，
大庄在當時是以平埔族人口居多，客群次之，加上觀音信仰的
傳說（見下節），可以了解當時平漢的和平關係所促成的信仰
風貌。富安宮在日治時期主要位在大和村範圍，移民多屬製糖
株式會社的蔗農（工），當時的移民是以來自宜蘭的福佬居多，

客群人數也不少，所以可以了解富安宮請自宜蘭的來由，而且當時在大和村，蔗農的最主要信仰就是古公三王，所以建廟後，為福佬和客家共祀的情形。

三、信仰的形成與意涵

　　日據移入的移民，從陳彩裕的研究來看，主要是由於當時臺灣北部對佃農極端嚴，加上人口增加，所以當時移入者大多數為佃農或者是無業者（陳彩裕 1983:164）。許多移民對於移入地區的不了解而產生的不安，也藉由少部份人所攜帶家鄉的祭祀神作為慰藉，此外，還有功能性神祇的出現，像五穀爺的治疫病和豐收、古公三王的治疫病與看護甘蔗等之職，使得祭祀的人群開始增加，開始有公眾廟宇的形成。然而廟宇成為聚集人群的空間，祭典則為集結人群的方法，而後有不同的信仰區域形成。

　　位於壽豐的碧蓮寺前身是移民村內的豐田神社，建立的時間在 1919 年（大正八年），主要為日本移民平日參拜並作為心靈感化及精神寄託之太皇神社。光復後當地人士決議保留神社空間而改祀釋迦牟尼佛及不動明王，並暫定名為「豐田碧蓮寺」，並以釋迦牟尼佛為主神。釋迦牟尼佛的來歷，據說是因為日人開墾此地，當時由於疫病傳染，百病橫生，造成很多居民及牲畜生病，造成當地的不順遂，於是日人雕塑佛祖像，放

置森本聚落（豐裡村第八鄰附近）以求平安順利而起（林澤田、襲佩嫻 2002:623）。

　　鳳林鎮長橋里的褒忠義民亭，在日據時期由於新竹移民劉勇進，認爲義民爺有鎮煞救難鎮瘟的神蹟，所以從原鄉請來一支令旗，當時由爐主會的爐主輪流供奉在家中。早期義民亭還未興建成廟宇時，義民爺的令旗是跟隨著媽祖會參與鎮內或鄰近光復鄉廟宇活動的祭典，直到 1970 年才恢復屬於義民爺本身的祭典，該廟的媽祖據說最早是來自光復鄉。較爲特別的是雕刻的義民爺金身，出現在民國九十年，塑像主要是根據本廟的金身而來，而且當地人皆認爲，一尊的金身是代表著所有的義民爺，可以庇祐整個地方。

　　光復鄉的大豐、大富主要分布在日據時期大和村的範圍，共同的信仰空間是富安宮，主神爲古公三王。[5]該廟的三王主要在日據時期由宜蘭移民黃大發遷居大農村（現爲大全村）時從宜蘭二結的「富安宮」請來，原本在自宅供奉，後來在現址（原先是一片甘蔗園）蓋了一間土磚廟，古公三王在那裡供民眾祭拜。根據姚謙、施芳瓏著《宜蘭縣民間信仰》的記載，宜蘭計

---

[5]　古公三王為大王柳信、二王葉誠、三王英勇維義結兄弟，在宋末時率師於福建漳州浦某山營就宋帝，失敗殉國，後來顯靈，百姓因而建廟奉祀，而且相傳以前古公三王有阻止「生蕃」出草的功能。見仇德哉，《臺灣之寺廟與神明》，頁 168。

有 10 間古公三王廟,位居全臺之冠。在漳州的信仰中,古公
三王屬於鄉土神,移民由該地而來,所以也攜帶了當地的信仰
神祇。在宜蘭的信仰中,古公三王也扮演著藥神的角色,尤其
在清朝末年、日治初期,醫療系統不發達,古公三王抓契子、
出乩派藥草等,發揮了很大的濟世功能。當時地方上流傳古公
三王會替人治病,而且在宜蘭,古公三王也是藥神之一,所以
在當時醫療系統不發達的情況下,對於地方民眾有很大的幫
助。再者,日據時期在宜蘭二結的甘蔗園曾遭受蟲害,傳說也
由古公二王、三王在田間巡視後才解決蟲害之苦。由於大豐、
大富兩村的居民,除了複製了當時宜蘭對於古公三王顯現的神
蹟故事外,甚至對於甘蔗園蟲害之虞,所以也希望「古公三王」
能庇祐甘蔗健康的長大。

　　南區的義聖宮,主祀關聖帝君。關聖帝君主要在光緒末年
由屏東恆春遷移來的朱姓兄弟(朱瑞陽、朱榮貴)所攜帶,原
本供奉在富里家中,也供當地民眾膜拜。後來由於帝君顯靈治
病,挽救了不少民眾的性命,於是在 1934 年,由朱瑞陽將關
聖帝君提供出來供信眾參拜,而當地民眾也集資興建石造廟
宇,並有信徒潘椪枝、鍾來傳捐獻水田作為廟產。義聖宮在南
七村中的香火旺盛,主要跟傳說中關聖帝君神蹟靈驗有密切相
關。

四、小結

日治時期形成的廟宇不多，大多數的神祇都在日治時期由移民所攜帶，在當時都是屬於家庭奉祀的型態，然而在日治時期形成公眾祭祀空間的僅有大和的富安宮以及大庄的義聖宮。富安宮主祀的古公三王，原為宜蘭移民所攜帶而來，相傳古公三王有三個功能：一為阻止生蕃出草，另一為替人治病，而前面兩者對於移民而言，有安定民心的功能性存在；然而另一個是針對甘蔗產業而言，也因此，在日據時期，古公三王的香火不斷的旺盛，一方面免除移民的身心上的病苦外，另一方面對於甘蔗產業有所庇祐。而義聖宮位在公埔，公埔區在日據時期已經是富里鄉重要的行政中心，而且也是行政和商業活動頻仍的地方。開始僅為朱端陽先生將所攜帶的帝君神像，供信眾參拜，後來信眾集資興建廟宇，形成公眾的祭祀場合。關聖帝君信仰的形成，也與當時的疫病有關，相傳帝君顯靈治病，挽救了不少民眾的生命，因而地方的居民開始興建廟宇祭祀。

由於整個區域的人群開始產生變動，族群區分的情形可以從語言群或者移民原鄉的地區性來看，反應在當時聚落中的人口組成，而族群間的互動關係平和，可能與日本當時的統治手段或移民間所彰顯的人群關係有關。不過在神祇的祭祀上，主要著重在神祇的功能是否能為當地人所接受，即使神祇可能屬於特定族群所祭祀。莊芳榮提到早期民間社會興建寺廟的動

機，主要有逐疫心理、鄉土觀念、豐收祈求、職業分類等上述四項，主要針對當時早期移民從渡海、拓墾直到街庄形成的過程，所以在興建寺廟上亦也不同的動機（莊芳榮 1995:23）。其中逐疫心理主要在這個為移民時期所重視，尤其是當時的疫病和番害，總使移民生活在恐懼和緊張之中，所以在此時，神祇的功能勝於一切。

第三節　鄉土神大量的出現—戰後

表 2-6　戰後所形成之廟宇

鄉鎮	信仰主要村/聚落	移民原鄉	神源	信仰廟宇	主祭神	建廟時期	備註
吉安鄉	吉安、稻香、永興村、仁里村（其他 11 村亦有，但參與人數不多）	苗栗、新竹	苗栗公館五鶴山	五穀宮	五穀神農	民 51 年（日據已存在）	民
鳳林鎮	各里（四區輪值）	苗栗、新竹	宜蘭礁溪	壽天宮	關聖帝君	民 37 年（日治時為城隍廟）	民
玉里鎮	河東各里（春日、松浦、德武）	苗栗、新竹	苗栗公館五鶴山	五穀宮	五穀神農	戰後	民
富里鄉	新興、竹田、羅山村	新竹、苗栗	新竹枋寮	褒忠義民亭	義民爺（令旗）	民 34	民

			屏東 枋寮		義民爺 （金身）	1990	民

資料來源：1.康培德總編，《續修花蓮縣志 族群篇》。（花蓮：花
　　　　　蓮縣政府文化局，2004），頁221-304。
　　　　2.筆者訪談資料整理。

一、背景

　　戰後神祇的出現主要也是由移民回原鄉請來，對於神祇的
功能性考量依然存在，而且多樣的神祇都可被當地漢人所接
受，甚至也有其他族群也參與祭祀活動。以特定族群所祭祀的
神祇而言，也因為整個環境的轉變以及族群和合之下，不再呈
現與西部相同的面貌，卻也隨著時間的變化，加上整個社會型
態的轉變，甚至在人們的心中對於祭祀在日常生活間的重要性
已不如以往，可以看到祭祀空間的變動性受到影響。甚至信眾
或年輕一輩者對於信仰的認同度日益薄弱，參與祭典活動的人
數呈現銳減的情形。然而在當時原鄉神祇所代表且賦予的意義
或是神蹟，也漸漸的轉變成為東部地區特殊的樣貌，甚至不同
於主廟中神明對於當地人所展現意義。從在1956年的族群人
口比例中，可以看到客家人口主要分布的鄉鎮有吉安鄉、鳳林
鎮、瑞穗鄉和富里鄉，比對2004年續修花蓮縣志的調查，人
口的變動性並不太大。從戰後所形成的廟宇來看，除了春日的
五穀宮外，其餘三者都位在客群人口比例較高且人口數較多的
地方。

二、人群組成

從 1956 年的族群人口比中，可以看到客群主要分布的鄉
鎮有吉安鄉、鳳林鎮、瑞穗鄉和富里鄉。在 2003 年續修花蓮
縣志的調查，原住民的資料為官方所統計的資料，正確度較
高。而其他族群的部份，以客家為例，僅只是透過訪談村里長
而推估的，然而確切的人口數，無從得知。

從戰後所形成的廟宇來看，除了春日的五穀宮外，其餘三
者都位在客群人口比例較高且人口數較多的地方。春日的五穀
宮主要與玉里河東一帶的客群有關，透過丁口錢維繫完整的祭
祀範圍，而且亦有許多從事耕作的阿美族人加入祭祀的行列。
不過參與廟宇內部組織的人，還是以客家人為主。

此時期的神祇也是以移民所攜帶為主，但開始有族群的區
分出現，例如五穀宮或義民爺。以義民爺信仰來看，日據時期
的義民信仰主要在於鎮煞救難鎮瘟的神蹟廣為當地人所信
仰。戰後形成的義民爺信仰，初期雖然與疫病也有相關，然而
後期當地人稱「客家人的廟」，而且吉安的五穀宮亦有異曲同
工之妙。這是較為特殊之處，可能與近年來族群意識高漲有關
係。

表 2-7 民國 1956/2003 年族群人口比

	福佬		客家		原住民		外省		其他	
	民 45	民 92	民 45	民 92	民 45	民 92	民 45	民 92	民 45	民 92
花蓮縣	35.5		25.2	25	27.4	24.95	11.8		0.1	

新城鄉	57.2		5.8		6.8	14.55	30.0	30	0.2
花蓮市	55.6	40	13.8	15	4.8	7.53	26.7	30	0.2
吉安鄉	32.2		36.2	30	23.0	12.25	8.4		0.1
壽豐鄉	36.1		27.6	20	28.0	25.50	8.4		0
鳳林鎮	25.0		59.8	55	9.6	12.46	5.5		0.1
光復鄉	33.9		17.9	10	41.1	48.10	6.9		0.1
瑞穗鄉	31.4		33.0	30	33.6	33.64	2.0		0.1
玉里鎮	23.8		32.4	35	37.0	25.16	6.7		0.1
富里鄉	35.5		42.7	40	18.5	11.42	3.3		0.1
豐濱鄉	3.4		1.7		92.1	78.95	2.8		0
秀林鄉	10.7		3.1		78.6	85.42	7.5		0.1
萬榮鄉	1.2		2.3		95.9	94.61	0.5		0
卓溪鄉	3.6		4.0		91.6	94.32	0.8		0

三、信仰的形成與意涵

　　吉安鄉的五穀宮俗稱五穀廟，位於吉安村內，廟內供奉的主神爲五穀神農大帝，係由日據時期移民陳紹承所攜帶，原先供奉於永興村家中，僅爲家中祭拜。然而五穀爺在當時也兼替許多移民治病開藥，多爲靈驗，因而香火漸漸鼎盛。戰後由永興村黃水旺先生等鄉賢提議建廟，主要是除了五穀爺算是地方上普遍的信仰，但在整個吉安地區希望能將五穀信眾及其他信仰神祇整合。所以由陳紹承前往苗栗公館五鶴山老廟分靈，另一方面，則透過風水師找尋適當的建廟地，以及開始在各村募集「香油穀」作爲建廟的費用。由於五穀宮在興建時，由當地的漢人仕紳所倡導，也由於五穀大帝的信仰，廣爲福佬與客家的移民所接受，而且與當時移民所移入時從事務農有關係，所

以為當地移民所接受。

　　鳳林鎮上的壽天宮主神為關聖帝君。原先在日據初期，鳳林鎮本來有一間城隍爺廟，由當時移民從新竹分香而來，後來由於皇民化政策背後所推行的寺廟整理運動，城隍爺的金身遭焚毀，形成有廟無神的情況。直到戰後由地方人士重新選定目前寺廟的位置，整修在日據時期的倉庫作為廟宇，奉祀關聖帝君。不過關聖帝君的來由兩種說法，一為礁溪的帝君廟，一為北部桃竹苗的移民所攜帶，當時關聖帝君在當地漢人的考量下，成為主祀神，主要的原因在於該神的祭祀沒有特定族群的區別，所以其他原鄉的祀神，也全都納入廟宇當中。不同於其他帝君廟的祭祀，壽天宮的關聖帝君誕辰祭典為六月二十四日，一般民間的說辭為關聖帝君飛升之日，在此地卻被當成帝君誕辰之日，而礁溪帝君廟的誕辰也為同一日，所以可知由宜蘭所分香的可靠性較高。不過以壽天宮的祭典活動來看，擴及整個鳳林鎮上的主要為中元節併義民爺誕辰的祭典，反而主祀神的誕辰沒有這麼熱絡。

　　以春日的五穀宮而言，主要與玉里河東一帶的客群有關，透過丁口錢維繫完整的祭祀範圍，而且亦有許多從事耕作的阿美族人加入祭祀的行列。不過參與廟宇內部組織的人，還是以客家人為主。春日五穀宮的形成實為光復初期，並非日據時期移民攜帶過來，所以也沒有成為皇民化運動毀神祇信仰的一份

子，在興起的神祇信仰中，較爲平順。參與祭祀活動的多屬於
河東地區德武里、春日里甚至南到松浦里的客群，原本屬於協
天宮祭祀圈的河東地區，漸漸脫離而形成春日里的五穀宮祭祀
圈。主要的原因，可能跟自然環境有關，由於秀姑巒溪將整個
玉里鎮區分成河東和河西兩大區塊，往來上的交通也不方便，
都爲當地人所困擾。屬於河西的協天宮雖然早期爲整個玉里鎮
的祭祀中心，然而後期的五穀宮興建廟宇後，將整個河東地區
的漢人（多爲客家人）集結起來，形成今日五穀宮祭祀圈的樣
貌。五穀宮的形成純粹爲農業祀神，也沒有所謂的神蹟出現，
除了參與祭祀活動的漢人（以客群爲主）外，對於河東的最大
族群阿美族而言，加入祭祀是合理而且可以接受的。

　　富里鄉中區的義民亭俗稱客人廟，主要祭祀義民爺。義民
亭的起源，主要由於光復後羅山、新興、竹田的農民，在種植
水稻之時適逢蟲害，家禽家畜也染瘟疫致死，疫情嚴重。當時
由地方仕紳林家棟、蔡阿浪以及陳火天等商議，在民國三十四
年赴新竹枋寮義民廟分割香火，除了迎請義民爺的令旗外，也
將陳、林、李、黃等四大軍師令旗迎回，俸祀在蔡阿浪先生家
中，當時由三大村（竹田、新興、羅山）的信士輪值供奉。義
民爺令旗入庄後，疫病消滅、五穀豐收，當地人都認爲是義民
爺發揮了功效。後來由於蔡阿浪先生年高體弱，所以將義民爺
迎請治張坤和家安俸。直到民國三十八年由地方人士集議，在

現址搭建木基茅草頂的廟宇,而後再前往枋寮迎請義民爺勒牌安座。由於木基茅草頂的建築需要年年更替修換,最後地方耆老發起重建,並定名為竹田義民亭。這裡的義民爺金身為當時頭人認為需要雕刻神像,也認為傳統的祭祀需要面對神尊,所以義民爺信仰到東部,外觀上最大的不同就是金身取代的令旗。

四、小結

　　吉安鄉五穀宮與鳳林鎮的壽天宮,雖為當地客群重要的信仰中心之一,然而在主祀神的功能上,並沒有族群上的區別。不過由於吉安鄉鄰近花蓮市,以農業神信仰型態的五穀宮儼然受到都市化的影響,近年來祭祀範圍的變動頗大,被多數信眾標榜著「客人廟」。鳳林鎮為客家大本營,目前壽天宮仍維持多樣神祇的祭典活動,由於神祇多,多種祭祀活動充斥,而且在主神的祭祀上,似乎並沒有如同早期媽祖祭、甚至是地區輪值祭祀的中元祭熱鬧。對於富里中區來說,早期也是要遠到南區義聖宮參與祭典,而玉里的河東地區也因為五穀宮設立前必須參與協天宮的祭祀,當兩個祭祀中心分別成立後,也為當地解決了這樣的困擾。以春日五穀宮而言,在十多年前退出協天宮祭祀圈,除了交通因素以外,五穀宮在丁口錢的收支上,祭祀的範圍原本就可以被支撐,所以退出協天宮的祭祀圈。然而

對於義民亭而言，中區三村開始就是輪祀的範圍，而且三村中的 20 鄰都依循著傳統犒軍奉飯，當這樣的運作成形後，也可以獨立辦理媽祖祭活動，進而退出義聖宮的祭祀範圍。

此外，這個時期的信仰形成分立較爲清楚，而且廟宇明顯的位在客家人口佔大多數地區。鳳林的壽天宮雖主神爲關聖帝君，然而旁祀的神祇亦有義民爺、五穀大帝、城隍爺等多樣的神祇，對於當地的客群而言，客家人拜的，他們也有，福佬人拜的，他們這裡都有，對於神祇的區別較不明顯，另一方面，也是承接日治時期的信仰而來，雖然城隍爺的神尊被毀，然而戰後隨即迎請關聖帝君做爲奉祀的神祇，原因爲何，當地人也不清楚。從廣納其他鄉土神和當地人對於關聖帝君誕辰的祭典活動不甚熱絡以及祭祀活動時間較其他廟宇不同的觀點來看，關聖帝君或許是延續城隍爺的信仰作爲接續集結信仰群眾的功能而已。其他如吉安的五穀宮、春日的五穀宮和竹田的義民亭，也有著屬於廟宇的祭祀範圍，然而在人群的凝聚上，雖然是以客群爲主體，但對於族群信仰的意識，也在與其他族群的互動中，逐漸消弭。

第四節　結論

清代的祭祀從當時的環境推論，可能與駐軍和少部份的移

民相關,而清末到日據時期由移民所攜帶的神祇,多數僅為家庭祭祀型態而已,主要由於日本官方的政策,雖然在當時也有廟宇的形成,然而皇民化運動,有些卻也演出了藏神的戲碼,直到戰後才將神祇請出。戰後複製原鄉信仰經驗,紛紛回到西部分香或者籌建廟宇或修廟。同屬於北客群體的竹苗移民,其中苗栗的移民在當時以五穀大帝為依歸,新竹移民則以義民爺為守護神。義民爺和五穀大帝的信仰雖然區分了苗栗移民和新竹移民,但五穀大帝強調了移民信仰中生活的安穩,也就是解決食的問題。新竹移民所攜帶的義民爺信仰,主要著重在地方的安定。義民爺信仰主要還是位居在高比例的客群人口,隨著祭祀圈的建立形成,內部的其他族群也開始參與祭祀,五穀大帝亦是如此,但標榜的功能性主要還是農業神。以春日的五穀宮而言,五穀宮雖位於客家聚落,然而參與祭祀的,也有周遭不同的族群如福佬或阿美族人。

　　整體而言,清領時期所賦予神祇的角色,除了推測所在位置與番害有相關外,另一則為官方在祭祀的神祇中所扮演主導的角色,都與當時的駐軍有關,也讓人不免聯想與官方掌控移民有密切的關係,尤其當時的移民都是依附著官方的駐紮而居住。清末到日據初雖然都是移民所攜帶而來,但信仰在當時並非屬於成熟型態的信仰,也就是在國家力量的壓制下,經歷了皇民化運動,對於信仰產生暫時性的停滯,有些甚至送回原鄉

或藏匿神明。戰後這樣的壓迫已經不再，神祇所展示的多樣，依舊隨著神祇的不同特徵賦予不同祭祀的意義，甚至複製且標榜著原鄉的意涵，然而族群的觀點，也漸漸隨著這樣的大環境而日趨平緩。如春日的五穀宮，由於春日的阿美族人多從事農業耕作，所以他們認為祭祀五穀大帝是合理的。

此外，整個客家信仰的發展上，雖然受大環境的影響而產生變動，甚至可以發現輪值祭祀的活動所形成的社會組織也漸漸散去，主要的指標是媽祖信仰的祭典活動，花蓮境內許多廟宇早期都是依賴媽祖祭典形成輪值的祭祀活動，透過這樣的活動集結境內各庄的聯繫，然而當各個鄉鎮下所轄之村里內的公廟，甚至是數個村所形成的公廟可以單獨承辦媽祖祭典活動時，以鄉鎮為單位，甚至跨鄉鎮輪值祭祀的規則即被瓦解，形成各自獨立辦理，主要跟廟宇所呈現組織背後力量的消長有關，其中最明顯的是族群意識的高漲而產生，如富里鄉竹田村和鳳林領長橋里的義民亭。由於大環境變動所促使族群間的互動更為頻繁，因而單一族群所標榜的信仰，也在這樣的過程中，逐漸消弭。

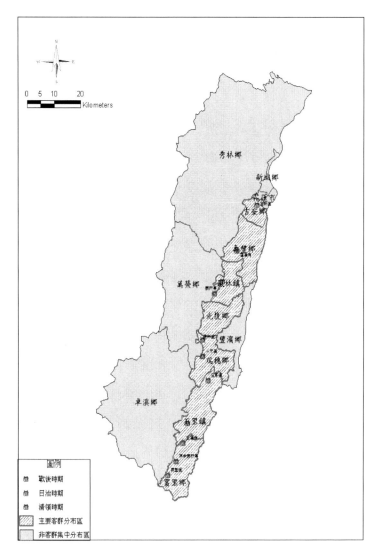

圖2-1 花蓮客家人與主要廟宇分布圖

第三章

吉安鄉的環境概況

　　吉安鄉為花蓮縣人口僅次於花蓮市之第一鄉鎮，全鄉土地面積 65.2582 平方公里。根據民國 2003 年 8 月的戶口統計，總人口達 78295 人，總戶數 25255 戶，行政區域共劃分為 18 個村，總計 498 鄰。吉安鄉位在花蓮縣北方，略呈方形，位於中央山脈東側，東濱太平洋，西以初英山和吉安溪源頭緊鄰秀林鄉，南與壽豐鄉相隔木瓜溪，北以吉安溪與花蓮市相覷。

第一節　自然環境

一、地形與氣候

　　在整個地形上，平地佔總面積之 80％，坡地佔 18％，河川地佔 2％，地勢分佈由西北向東南傾斜。然而本區位於縱谷平原北段之木瓜溪和花蓮溪合流所形成之沖積扇處，境內主要以木瓜溪沖積扇為主體，不過吉安溪為與花蓮市的界溪，屬次要河川，所以地勢平坦，多為沖積平原地形，地質肥沃，水氣充沛，加上全區地下水分佈廣泛，雨量豐富，氣候也大致穩定。

　　吉安鄉的地形可以區分成山地地形、河流地形和濱海地形。以山地地形而言，主要分布在西側，其中以七腳川山海拔高度最高，然而其他山區也多被開發形成耕地，種植檳榔、竹子等作物。河流地形主要為木瓜溪沖積扇，面積廣大，為花東

縱谷最大的沖積扇，包括吉安和壽豐兩鄉。濱海地形主要分布由海濱公園一帶沿著化仁海堤到花蓮溪口一帶，呈現南北走向。整體來說，吉安鄉的地勢西高東低，干城、南華雖為平原，地勢平均在九十公尺到六十公尺之間，福興、吉安、慶豐、太昌的地是高度約在六十到三十公尺之間，光華和永興的高度約在四十到二十公尺之間，東昌、仁里、仁安和仁和，高度在二十公尺到五公尺之間（如圖 3-1）。

　　在整個氣候上，吉安鄉位在北迴歸線以北，屬於副熱帶季風氣候區。全年溫度夏熱多暖，雨量豐沛，集中在梅雨季節和颱風季，而且日照足夠，整體而言氣候濕潤溫和，適合植物的生長。

二、水文與土壤

　　除了南方一帶受到木瓜溪的沖積外，還有與花蓮市的界溪－吉安溪在境內發源。木瓜溪為花蓮溪的支流，下游自仁壽橋以後，河道分歧，形成一個大沖積扇，也就是本鄉主要的地形，木瓜溪也在紙漿場附近匯入花蓮溪，流入太平洋。在整個吉安溪的流域中，全長 11.4 公里，山地面積佔 27%，而流入平地面積佔 73%，上游為水源保護區，中下游到出海口段為平原區，農業土地利用型態與居住區多位於此。不過吉安溪坡陡水急，河流短促，可利用的地表水源甚少。大部分的農田用水，多仰

賴引木瓜溪水的吉安圳、引吉安溪水源圳道和中園排水溝圳灌溉，圳道數量多且分布廣，對於農業耕作水源的取得上有很大的幫助。

根據吉安鄉志（2002）中的描述，吉安鄉的土壤可分成四大類，以石質土、崩積土、片岩新沖積土和片岩老沖積土。其中片岩新沖積土分布在南部木瓜溪流域一帶，而片岩老沖積土主要分布在北方吉安溪流域一帶，早期農業耕作則主要分布在這兩層。不過由於都市化的結果，加上人為的污染和水蝕，而造成土壤日益惡化。

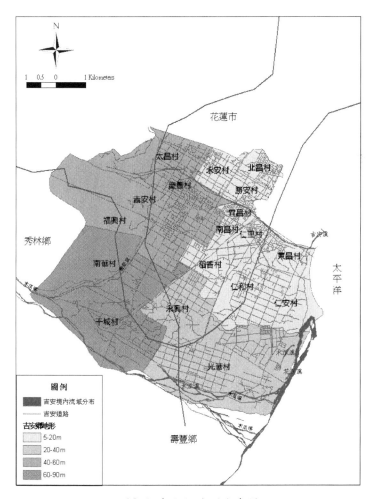

圖3-1　吉安鄉地形分布圖

第二節　人文概況

一、行政區域的變動

　　吉安鄉主要的分野時期在日治時期，尤其在七腳川事件之後，整個地區開始呈現變動的型態。七腳川事件發生前，整個吉安地區大都是以原住民南勢阿美族爲主，漢人極爲少數，所以人口變動不大。然而事件發生後，整個地區配合日本官方的政策，除了原本七腳川社的社域被日本官方作爲以移民村爲主的聚落型態出現，而受雇的漢人或者是原住民，都是圍繞在移民村外圍居住，並且形成以族群聚居的聚落。直到戰後從民國37年開始，經過了數次村里的調整更動，甚至從56年後開始，由於外來人口的移入，從13村增加到18村，也意味著吉安鄉人口在這段時期不斷的成長。

表 3-1　吉安鄉區域沿革

民國			日治時期					清代
吉安鄉(民國56年:1967後)	吉安鄉(民國37年:1948)	吉野鄉(民國34年:1945)	花蓮港廳吉野區(昭和12年)			花蓮支廳十六股區/吉野區(大正9年10月)	花蓮港廳直轄花蓮港區(明治42年5月)	臺東直隸州(光緒20年)花蓮港撫墾分局
村名	村名	村名	庄	大字	小字	十六股/吉野	花蓮港街	番社(平埔南勢七社)
吉安村	吉安村	中園	吉野庄	吉野	中園(竹篙厝)		七腳川社	七腳川社
太昌村	太昌村	北園			北園	吉野		

永安村（77）				（臺灣村）			
福興村	福興村	清水		清水（舊村）		／	／
慶豐村	慶豐村	宮前		宮前			
宜昌村	宜昌村	田浦	田埔	田埔	荳蘭社	荳蘭社	荳蘭社
南昌村	南昌村						
北昌村	北昌村				里漏社	里漏社	里漏社
勝安村（77）			田埔	田寮			
稻香村	稻香村		移民村「草分」部落荳蘭社南界區域				
東昌村（62）	化仁村	舟津	舟津	里漏社			
仁安村（76）（由東昌和仁和的部分分出仁安村）							
仁里村	仁里村	南浦	南浦	南浦	薄薄社	薄薄社	薄薄社
仁和村（61）							
永興村	永興村	草份	草份	新田	吉野村與荳蘭社地界		
光華村（56）					薄薄社	薄薄社	薄薄社
干城村	干城村	初音					
南華村	南華村	南園					

資料來源：整理自《吉安鄉志》（第二篇開拓篇第五章），頁178-181。
附記：光華村（56）表示光華村在民國56年從永興村分出。

二、人口的結構與變化

（一）人口數量的變化

從吉安鄉 1986 年到 2001 年的各村人口數量來看，吉安鄉的人口是呈現正成長。其中以慶豐村、吉安村、永興村、南昌村、東昌村和仁和村人口都是一直在成長，仁安、永安以及勝安村雖分別從東昌村、太昌村和北昌村再切割出來，然而由於鄰近花蓮市，所以人口也呈現成長的情況。在總體發展的分析中提到：

> 「吉安鄉也是社會人口增加最多的地方，為最吸引人口遷入的地區，與吉安近花蓮市便於利用高層級之公共服務設施與產業機能，且負擔較輕的居住成本有很大的關係，此亦為吉安鄉人口不斷成長的主要原因」。（花蓮縣綜合發展計畫 1995）

從上述可知，吉安鄉由於地理區位、就業條件與地租成本等，加上花蓮市的發展已近於飽和，能再增加的人口規模有限，且花蓮市提供的各項都市活動成本，均高於鄰近鄉鎮，在交通許可下，花蓮市各項公共服務設施也能充份提供鄰近的吉安鄉居民使用，所以近年來人口呈現蓬勃發展。

表 3-2　吉安鄉的人口數

	75 年	80 年	85 年	90 年
太昌村	6396	3337	3779	4205
慶豐村	3441	4911	5633	6414
吉安村	2608	3166	3930	4538
福興村	2845	2609	2860	3104
南華村	2383	2141	2107	2036
永興村	2257	2295	2298	3373
稻香村	2609	2566	3145	3548
南昌村	2341	2887	3971	4248
宜昌村	4206	4534	4641	4404
北昌村	6933	6689	7998	8437
仁里村	6835	6467	6963	6912
東昌村	4322	4370	5551	5862
光華村	1250	1267	1281	1407
干城村	3135	2643	1688	1492
仁和村	4301	4460	4965	5400
仁安村		2128	2384	2460
永安村		3350	4058	4366
勝安村		3199	4114	4697
總人口數	55902	63023	71374	76953

資料來源：《吉安鄉志》（第七篇住民篇第一章），頁 485。

二、產業及職業類別

　　吉安鄉因地理位置之關係，鄰近花蓮市而與之發展成為共同體，近幾年來發展極為快速，而且由於吉安鄉主要的產業以

農業為主（為花蓮縣最大蔬菜供應區，且目前生產韭菜、甜椒、芋聞名全省），礦產與工業相對較少，加上鄰里性的休閒據點，為花蓮縣近年來人口增加最快之鄉鎮。

以八十二年吉安鄉戶政事務所針對有業人口的職業調查，以一級產業而言，包含從事農、林、漁、牧、狩獵業者，而吉安鄉主要以務農者為居多。所以這裡的一級人口主要以農業為主，從比例來看，永興村、稻香村、光華村這三村的農業人口比例達三成以上，而太昌村、吉安村、南華村和仁安村也至少二成。在日治時期，吉安鄉的外來人口大多從事於農業，多數都是佃農以協助日據時期移民村的耕作。戰後由於吉安鄉鄰近花蓮市，加上交通便捷，居住品質良好，開始有許多外來人口的移入，而從事務農的人口日益減少，不過還是可見鄰近花蓮市的地區較為熱鬧，而離花蓮市越遠者，還是維持鄉村的面貌。

二級產業屬於製造業、水電煤氣業、土石採取業和營造業為主，三級產業以服務業、商業、公共行政業…等。其中三級產業人口比例高達五成以上的有吉安村、南昌村、宜昌村、北昌村、仁里村、勝安村，除了吉安村為地方行政單位的所在地外，其餘各村皆為鄰近花蓮市，三級產業比例很高。

表 3-3　民國八十二年吉安鄉各村年滿十五歲以上現住有業人口數按職業別

	太昌村	慶豐村	吉安村	福興村	南華村	永興村	稻香村	南昌村
有業總人口	1434	2394	1545	1320	1002	1009	1233	1288
一級產業	382	399	329	105	247	433	417	118
二級產業	546	987	401	565	379	249	331	507
三級產業	506	1008	815	650	376	327	485	663
一級產業比例	26.64%	16.67%	21.29%	7.95%	24.65%	42.91%	33.82%	9.16%
三級產業比例	35.29%	42.11%	52.75%	42.24%	37.52%	32.41%	39.33%	51.48%

	宜昌村	北昌村	仁里村	東昌村	光華村	干城村	仁和村	仁安村
有業總人口	1702	3515	2976	2158	592	718	1990	960
一級產業	212	559	455	319	190	134	252	220
二級產業	493	822	907	808	223	250	865	325
三級產業	997	2137	1614	1031	179	334	873	415
一級產業比例	12.46%	15.90%	15.29%	14.78%	32.09%	18.66%	12.66%	22.92%
三級產業比例	58.58%	60.80%	54.23%	47.78%	30.24%	46.51%	43.87%	43.23%

	永安村	勝安村
有業總人口	1592	1456
一級產業	313	65

業							
二級產業	528	496					
三級產業	751	895					
一級產業比例	19.66%	4.46%					
三級產業比例	47.17%	61.09%					

資料來源：《吉安鄉志》內容，頁 483-484。

附註：第一級產業包括農、林、漁、牧工作人員。

第二級產業包括技術工及有關工作人員、機械設備操作工及組裝工和非技術工及體力工。

第三級產業包括民意代表、行政主管、企業主管及經理人員、專業人員、技術員及助理專業人員、事務工作人員、服務工作人員及售貨員以及現役軍人等。

產業人口比例＝產業人口/有業總人口x100%

第三節　族群分布情形

　　吉安在清代的族群分布較為單純，雖然也有少部分的漢人進入開發，但主要族群還是以南勢阿美族為主。日據時期開始，由於七腳川社的抗日事件，引發日本人將七腳川的社域毀壞，強迫七腳川社的住民分散居住在其他南勢阿美族的社域或其他地區。而後以整個日據時期而言，居住在這裡的除了原先的阿美族人外，還有居住在移民村內的日本人，以及移民村外頭的福佬和客家人，多樣的族群面貌在日據時期展現，然而卻也形成了以族群為單位的群聚型態。到了戰後，多樣的族群面

貌依舊，不過整體而言，混居式的型態已經把族群的分類做了
翻轉。

一、清代－單一平埔南勢番＆小群漢人

　　清代對於本區相關住民的論述，大抵可以下列幾本文獻叢
刊中了解，當時的記載僅為生蕃居住在這片土地上。然而最早
可見的記載在柯培元的《噶瑪蘭志略》：

> 「奇萊，陸由鳥仔埔觸奇萊至蘇澳南關，大約一百五十
> 里；水由米浪港出口，直入蘇澳界，程五、六十里。該
> 處生番，現有根耶耶、直腳宣、豆難、薄薄、李劉、罷
> 鞭等六社名目。」（柯培元 1961:198）

其中如「直腳宣、豆難、薄薄、李劉」等社，即在吉安鄉境內
的「七腳川」、「荳蘭」、「薄薄」與「里漏」等部落。然而
《重修臺灣府志》中提到崇爻八社之名，當時為一個區域族群
的總稱，而在《諸羅縣志》中卻提及崇爻為一個社名，從康熙
後，崇爻八社一直作為這個地區的總稱，《東征集》中將這些
社蕃歸為崇爻八社，並區分成上下各四社，本區則屬於上四
社。而且在《東征集》中亦記載：

> 「八社之番，黑齒紋身，野居草食，皮衣革帶，不種桑
> 田。其地所產，有鹿麇、野黍、薯芋之屬；番人終歲

> 倚賴，他無有焉。自古以來，人跡不到。康熙三十二年，
> 有陳文、林侃等商船，遭風飄至其處，住居經年，略知
> 番語，始能悉其港道…。每歲膜社之人，用小舟裝載布、
> 烟、鹽、糖、鍋釜、農具，往與貿易。番以鹿脯 筋皮
> 市之。皆以物交物，不用銀錢。一年止一往返云。」（藍
> 鼎元 1961:90-91）

在漢人的眼中，當時的番民是不種田的。不過這裡有個矛盾點
就是，「不種桑田」，而膜社的商人，卻也拿鍋釜、農具和番
民做交易，可能在當時的八社番中，有些族群是從事農耕的。
而且在清康熙 36 年郁永河在《稗海遊記》中也提到：

> 「…；東番知其唐人，爭款之，又導之遊各番社，禾黍
> 芃芃，比戶殷富，謂苦野番間阻， 不得與山西通，欲
> 約西番夾擊之。又曰：『寄語長官，若能以兵相助，則
> 山東萬人，鑿山通道，東西一家，共輸貢賦，為天朝民
> 矣』。」（郁永河 1697:33）

而漢人賴科進入番地，所見竟是「禾黍芃芃」，表示當時的阿
美族人也從事農耕，種植粟米等作物。

　　而後取代崇爻八社之名的為「南勢番」一說，始見於光緒
元年的《臺灣海防並開山日記》，其中對於當時番民的人數，
以及針對薄薄社知煮鹽一說，可以推測薄薄社鄰近於海，熟悉

煮鹽之事，而且直腳宣更名為七腳川，這對於當時南勢番稍有描述。然而更為詳細的描述在《臺東州采訪冊》，將各個番社的位置、人數，甚至是頭目等皆做更為詳盡的描述。後人多慣稱「南勢番」為「南勢阿美」。

　　不過，當時居住在此的雖然大多數為原住民南勢阿美，然而還是有少些漢人居住於此。根據《臺東州採訪冊》〈附錄：臺東誌（陳英撰）〉載：

> 「咸豐年間，有一鄭尚隨番頭進山，觀看風土情形。鄭尚見遍地無禾、麻、菽、麥，即回家帶禾、麥、芝麻各種，復進埤南，教番子播種，回家傳諸眾人。斯時，即有人隨番頭出入兌換者，亦有隨番頭進山於寶藏與成廣澳住家者。中路璞石閣之番子有鹿茸等物，往嘉義齊集街兌換，稅歸鹿港廳。久之，亦有人隨番頭進山，於璞石閣住家者。北路花蓮港之生番有鹿茸等物，往宜蘭兌換，稅歸基隆廳。久之，亦有人隨番頭進山，於花蓮港住家者。斯時，都是吹木火以為光，並無油燈相照．更有枋寮、水東寮之坪埔，隨番頭進山於寶藏開墾者。（陳英　1960:81）
>
> 由是漸漸有人入山。至同治十二年癸酉，寶藏共有二十八家，成廣澳共只五、六之家，璞石閣共有四十餘家，花蓮港共有四十餘家．實按火燒寺（嶼？）之來歷，本

係東港對面，小琉球島人於道光年間徙居火燒寺
（嶼？），合共三十七家；鑿井而飲、種土而食，數十
年絕無逆犯者，誠可為良民也。其時，坪埔於寶藏住三
十餘年，徙居大莊、頭人埔、大陂等處。」（陳英 1960:82）

當時陳英所記載在咸豐年間，在花蓮港的生番，主要以鹿
茸為交易的物品，甚至會前往宜蘭進行兌換。而且到了同治年
間，進入花蓮港者已經有四十餘家，至於這些移民是誰，文中
並無所知。所知這群人可能依賴耕作維生，在記載中被認定為
「良民」。再者，據《臺灣輿圖》〈後山總圖〉記載：

「濱海六百餘里，惟花蓮港、成廣澳可泊輪船；而皆風
□靡常，沙礁紛錯，往還匪易，民船更不能以時至也。
若由中權以達前山，則自璞石閣抵彰化縣之林圯埔者，
計程二百六十餘里。」（夏獻綸 1959:75）

而且從圖中來看，花蓮港在圖上的位置在在木瓜溪的下游出海
口處，所以可知當時所謂的花蓮港就是目前阿美文化村一帶，
鄰近花蓮溪出海口，而且當時與生番交易的漢人可能就是從花
蓮港上岸的。

總而言之，在清代甚更更早以前，這片土地的住民以南勢
阿美為主，從事魚獵農牧的生活，然而漢人的進入，早期僅止
於和住民交易，漸漸到了光緒時期，開始有一小部份的漢人移

入，從事農耕，大抵而言，在清季主要還是以原住民南勢阿美
為主。

表 3-4　清代描述吉安鄉之住民相關文獻

文叢	作者	時間	描　　述	備註
臺灣府志	高拱乾	康熙 33 年（1694）	至若文峯直插，上與天齊，則有山朝山（在雞籠鼻頭山東南，有土番山朝社。其南即蛤子灘三十六社）、有買豬末山（在山朝山南。其峯尖秀如文筆山形。南即哆囉滿社，北即山朝社三日路程）、有黑沙晃山（在買豬末山南。秀拔峭麗，與買豬末山並峙。其東南，即直腳宣五社），是又東北之秀出而遠擁者也。（高拱乾：15）。	
重修臺灣府志	周元文	康熙 49 年（1710）	納納社、芝舞蘭社、芝密社、薄薄社、竹仔宣社、多難社、水輦社、筠椰椰社。以上為崇爻八社生番，在傀儡大山東；雍正二年歸化。（周元文：71）。	
諸羅縣志	周鍾瑄	康熙 56 年（1717）	三十四年新附生番九社：崇爻社、芝舞蘭社、芝密社、貓丹社、筠椰椰社、多難社、水輦社、薄薄社、竹腳宣社：以上各社俱在縣東北。（周鍾瑄：31）	
東征集	藍鼎元	康熙 61 年（1721）	山後有崇爻八社（康熙三十四年，賴科等招撫歸附原是九社，因水輦一社，數年前遭疫沒盡，今虛無人，是以止有八社），東跨汪洋大海，在崇山峻嶺之中。其間密箐深林，岩溪窮谷，高峰萬疊，道路不通。土番分族八社：曰筠椰椰、曰斗難、曰竹腳宣、曰薄薄，為上四社；曰芝武蘭、曰機密、曰貓丹、曰丹郎，為下四社。八社之番，黑齒紋身，野居草食，皮衣革帶，不種桑田。其地所產，有鹿麖、野黍、薯芋之屬；番人終歲依賴，他無有焉。…每歲贌社之人，用小舟裝載布、烟、鹽、糖、　鍋釜、農具，	

			往與貿易。番以鹿脯筋皮市之。皆以物交物，不用銀錢。一年止一往返云。（藍鼎元：90-91）	
臺海史槎錄	黃叔璥	乾隆 1 年（1736）	又**崇爻山後九社**：崇爻社、**竹腳宣社**（一作即加宣）、描丹社、薄薄社、芝舞蘭社、**多難社**（一作倒咯滿）、芝密社、水輦社、筠椰椰社。…有至崇爻社者，自倒咯嘓用土番指引，盤山逾嶺，涉澗穿林，計程五日夜方至，由民仔里武，三日可至蛤仔難；但峻嶺深林，生番錯處，漢人鮮至。（黃叔璥：122）	
重修福建臺灣府志	劉良璧	乾隆 5 年（1740）	諸羅縣：大武壠頭社、二社、礁吧哖社、夢明明社（以上四社，倚山熟番）、目加溜灣社、麻豆社、蕭壠社、哆咯嘓社、諸羅山社、打貓社、他里霧社、斗六門柴裏社（以上八社，平地熟番）、納納社、芝寶蘭社、箕密社、貓丹社、**竹腳宣社**、**兜蘭社**、礁那哩嗎社、根耶耶社．以上為**崇爻八社**，在傀儡大山東。雍正二年間招徠，為歸化生番．（劉良璧：81）	
噶瑪蘭廳志	陳淑均	道光 11 年（1831）	蘭界外，南與奇萊社番最近。奇萊陸由烏子埔、觸奇萊至蘇澳南關，計一百五十里；水路由米浪港出口直抵蘇澳，無過五、六十里而已。道光辛卯秋，據漳民蔡某甲呈稱：該處生番現有振耶耶、**直腳宣**、**豆難**、薄薄、**李劉**、罷鞭等六社名目。查「府志」無所謂奇萊也。其六社內如李劉、罷鞭亦不見於「府志」，或係近時邊改，原未可知。至薄薄等四社，見「府志」「戶口」門。振耶耶即筠椰椰，直腳宣即竹仔宣，豆難即多難．此四社舊屬諸羅縣，界崇爻山後傀儡大山之東。自康熙三十四年後，與崇爻、芝舞蘭、芝密、貓丹、水輦合為九社，	

			歸入諸羅，轉輸社餉。至乾隆二年，社餉改照民丁例，此四社又與芝舞蘭、芝密、貓丹、水輦、納納名為崇爻八社，另輸鹿皮折徵丁銀；…。（陳淑均：433）	
臺灣海防並開山日記	羅大春	清光緒元年（1875）	奇萊平埔之番，…。居鯉浪港之南者，曰根老爺、曰飽干、曰薄薄、曰斗難、曰七腳川、曰理劉、曰脂屘屘，凡七社，統名曰南勢番，男女共七千七百有四人；雖悉具結就撫，而薄薄、理劉二社皆既順復貳者。除薄薄一社知煮鹽、加禮宛一社頗耕種，餘悉茹毛飲血之倫，叛服不常，時當防範。（羅大春：47）	首見「南勢番」之名
臺東州采訪冊	胡傳	光緒 20 年（1894）	平埔南勢七社：飽干社（正社長月領銀五圓）：在花蓮港西北四里半荳蘭東南…。薄薄社（正社長月領銀四圓）：在花蓮港西北四里…。里留社（正社長月領銀五圓）：在花蓮港西三里半…。荳蘭社（正社長月領銀四圓）：在薄薄東北，距花蓮港五里…。七腳川社（正社長月領銀四圓）：在薄薄北，距花蓮港十三里…。歸化社（正社長月領銀四圓）：在飽干東北，距花蓮港十里…。脂屘屘社（社長月領銀五圓）：在里留西，距花蓮港三里半…。——以上七社，統名南勢番。（胡傳 1960：35-36）	

二、七腳川事件後的轉變 — 日人為中心，漢原擺外邊

　　日本在 1895 年接管臺灣前，官方就曾派遣多位專家來臺灣本島做有系統的自然調查，以便因應在正式接受臺灣後的種

種考驗。尤其在東臺灣，人口以原住民為主，在原住民的教化和安撫，與東部的開發產生息息相關，直到七腳川事件後，整個區域的族群分布產生了變動。

1908 年（明治 41 年），由於七腳川社對於日方在隘勇勤務分派不公而叛變，然而日方卻對七腳川社採取滅族的方式，除了以軍事鎮壓外，也毀壞部落殺害壯丁，藉以沒收土地和槍彈，對於殘存的蕃人採取遷移政策，而日本正式接收這片土地，而這片土地，就是日後由日方所設的移民村的區域。然而移民村開始設立後，所移入的都是日本農民，開始呈現為日本人與阿美族人在這片土地上活動，不過從調查資料上顯示，不少漢人也悄悄的來到這片土地開墾，雖然移民的數量在人口比例上並不高，且由於移民政策的成效不彰，土地也不開放讓臺民開墾，任由荒蕪，造成臺民要求前往開墾的呼聲日益興起。

總而言之，七腳川事件後，造成了七腳川社的瓦解後被強制遷移，原本屬於七腳川社社域的土地也因而成為日本移民村的所在地。除了七腳川社多數住民被遷移到靠近山邊外，其他如荳蘭社、薄薄社、里漏社等都分布在移民區的東邊鄰近海邊之處。然而漢人在這個時期，主要還是分布在移民村的外圍，協助日本人的開發，其中客家人的據點主要是草分（永興村）和現今的稻香村一帶，以苗栗為多，新竹次之；福佬人的據點主要是清水（福興村）、宮前（慶豐村）和現今的太昌村一帶，

主要以宜蘭移民為多。

表 3-5　花蓮港廳人口變化表

| | 人口總數 | 漢人 | | | | 原住民 | | | | 日本人 | |
| | | 福建籍 | | 廣東籍 | | 平埔族 | | 高山族 | | | |
	人口總數	人口數	人口比例	人口數	人口比例	人口數	人口比例	人口數	人口比例	人口數	人口比例
1905	23757	2403	10.11	1040	4.38	4302	18.11	15696	66.07	316	1.33
1915	45015	6968	15.48	3383	7.52	4584	10.18	18180	40.38	11900	26.44
1920	48616	8898	18.30	5314	10.93	4551	9.36	18779	38.63	11074	22.78
1925	57581	12602	21.89	7814	13.57	5108	8.87	21085	36.62	10972	19.05
1930	84586	19085	22.56	12732	15.05	5667	6.70	34676	40.99	12426	14.70
1935	358874	277473	77.32	21333	5.94	6009	1.67	38931	10.85	15128	4.22
1940	145496	43980	30.23	35450	24.36	6424	4.41	42000	28.87	17642	12.13

資料來源：孟祥瀚（2002）。

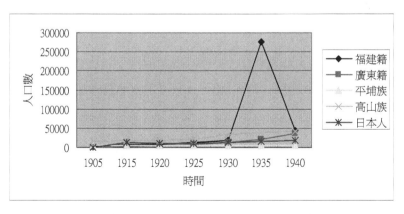

圖 3-2 日治時期花蓮港廳移入人口變化圖（依據表 3-5）

三、戰後－混合族群的重新調配

從 1956 年（民國 45 年）的統計資料顯示，[1]在吉安鄉，福佬、客家、原住民、外省人、其他等族群人口比例分別為 32.2%、36.2%、23.0%、8.4%、0.1%，可見此時的客群人數較其他族群為高。而且客群人數大多集中在永興村、稻香村以及仁里一帶，而福佬主要分布在南華、福興村的舊村、吉安、太昌和慶豐一帶。也就是說，戰後初期所呈現的分布情形延續日治時期的狀態，大抵分成四區，其中光華和干城，屬於外省人為多。而且原住民主要分布以昌字村為多。不過 60 年代以後，移入的居民漸多，除了縣內移動外，外來移民也逐漸增加，整體而言，主要還是呈現與日據時期族群大致分布的情況，不過原本屬於阿美族的分布範圍，也漸漸的透由外來移民移入，產生變動，目前僅以部落的方式劃分出據點。所以原本劃分明顯的四區分立，也因為外來人口的變動，不再明顯可區別。

---

[1] 這是戰後最後一次以「族系」為調查的統計資料。然而平埔族沒有被歸類在統計資料的欄位中，根據判斷可能已經將平埔族分散到各個族群裡。民國 45 年（1956）陳紹馨的調查資料，轉引自潘英，《臺灣拓殖史及其族姓分部研究》，（臺北：自立晚報出版社，1992）。

表 3-6　吉安鄉原住民部落分布及成立時間

村名	部落名	位置	成立時間	備註
太昌村	太昌部落	明義七街		Cikasoan
永安村	永安部落		70 年代	新興部落
勝安村	勝安部落		70 年代	新興部落
慶豐村	慶豐部落		70 年代	
宜昌村	宜昌部落			Natauran
南昌村	娜荳蘭部落			
仁里村	仁里部落	南埔八街		Pokpok
仁和村	仁和部落		70 年代	
光華村	阿都南部落			
東昌村	達拉站部落			新興部落
	里漏部落			Lidaw
仁安村	仁安部落			
永興村	奇波那安部落	永興村 9 鄰	民國 47 年	俗稱小臺東
	哥柳灣部落	永興村 11-13 鄰		
干城村	干城部落		民國 70 年	新興部落
南華村	南華部落			
福興村	福興部落	福興村 2、22 鄰		太魯閣族居多

第四節　結論

　　吉安鄉地形的形成多為沖積平原，所以為花蓮縣主要的農業重鎮，然而卻又因為鄰近花蓮市，除了作為花蓮市的衛星城鎮外，更能發現本區兼顧有商業機能與農業機能，也就是傳統的一級產業與近年來發展的三級產業為主。在族群的分布上，

清代是以南勢阿美爲主，日治時期雖然有大量的移民進入，而移民以福建籍居多，不過主要還是以日人爲主體，戰後主要以客群爲多。不過近年來，由於外來人口大量移入，所以真正要區別族群，已經無法如戰後初期那樣的明確了，僅能以大略的分布來作爲區分。

吉安鄉的發展主要在於傳統的農業和鄰近花蓮市的商業機能爲主，但傳統迄今底層的職業取向，還是以農業爲對大宗，主要是地形與氣候適宜農耕，所以整體的來看，吉安鄉多還是以農業（農民）爲主要導向。然而到近日，年輕人都往外地發展，接受傳統產業的人較少，所以呈現出農業漸漸低落，鄰近的花蓮市帶動地區的發展而使得吉安鄉由於地利之便，因而漸轉移到商業機能導向。

由上述自然環境與人文發展，除了可以知道吉安鄉地域內部，以傳統根本的農業開始拓展到商業機能外，人群的分布也漸由明顯的區別到模糊融合，唯一可以區辨的還是透由傳統的界線來說明，不過這傳統的界線也日益模糊，除了外移人口的衝散外，還有現代人對於族群的觀點多以多元文化的角度在看待，而且現代的年輕人對於族群的認同較爲薄弱，也是造成吉安鄉族群區別模糊的原因。但實際上，世代屬於中生代的人群，依舊對於族群的區別是很清楚明瞭的，本文就從這樣的差異之下，來談信仰與人群、地方與菁英以及廟宇與地方。

第四章

廟宇、組織
與祭祀範圍

第一節　信仰形成

一、地方神祇整合－五穀建廟緣起

　　現今吉安鄉客家人多以五穀宮為主要的信仰中心。五穀宮俗稱五穀爺廟，位於吉安村內，廟內供奉的主神為五穀神農大帝，係由日據時期苗栗移民陳紹承所攜帶，原先供奉於永興村家中，當時五穀爺在當時也兼替許多移民治病開藥，多為靈驗，因而香火漸漸鼎盛。日治時期永興村稱為草分仔，日本人也稱作臺灣村，在民國四十七年草分（現今的永興村）大水災，沖毀了許多民房和土地作物，使得移民又開始遷往鄉內其他地方居住，當時地方開始有人提議要興建五穀爺廟。其中主要以陳紹承的親家，同為永興村的黃水旺等 13 位地方鄉賢倡議，一方面由於吉安地區日治時期以來多務農者，另一方面五穀信仰在地方上甚為普遍，也希望藉由建廟能將整個吉安地方的信仰作整合。後來由陳紹承前往苗栗五鶴山老廟分靈，也透由風水師，開始找尋建廟之地，同時，開始在各村募集建廟基金。五穀爺算是地方上普遍的信仰，建廟後當地人士將五穀宮鄰近

屬於個人祭祀的關聖帝君迎入廟中作為祭祀的神祇,[1]當時的祭祀範圍廣及整個吉安十五村。

在建廟的過程中,地方仕紳扮演著重要的角色。《五穀宮文史錄》中所記載的先賢共十三人,這十三人除了吳阿光為廟地擁有者外,其餘在整個吉安鄉發展上,都是當時地方上的村長、議員等身份,然而他們所標示的,無非是在凝聚信仰形成廟宇的過程上,地方人士是重要的關鍵。曾經試著在訪談的過程中,詢問為何不是義民爺而是五穀大帝?大家的回答大多是:不知道。原因可能與西部經驗有相關,尤其吉安大多數是苗栗移民為主體(新竹移民較少)。從戰後整個漢人分布來看,整合地方的勢力,透過信仰是再好也不過了,而且在信仰神祇的選擇,也是大家所共同認同的。義民爺對於福佬體系的人群而言,是既陌生又顯得奇怪,雖然當時義民爺在永興村,僅屬於家庭式的信仰而已,也只有客家人在特定的節日,準備牲果去拜拜。同樣的時間點,五穀爺也位於永興村,也與義民爺扮演同樣的角色,就是作為村民的寄託中心,只是功能性不同。義民爺的乩童提供了「問事」、「驅邪」、「看日子」、「治

---

[1] 雕刻孔子像的時間約在民國七十幾年左右,主要是期許地方的年輕人能夠仿效孔子的精神,在學業上能夠努力精進,日後可以回鄉服務。另與關聖帝君做為五穀爺的左右,以期地方青年學子能文武雙全。

病」等功能性的服務，而五穀爺是屬於「運勢」、「開藥」，且與農業有密切相關，在當時的確有居民是兩邊都在祭拜的。不過，五穀爺並不僅是客群，連福佬人都來參與祭祀，也就是說，五穀爺並不區分為福佬與客家兩個族群，作為當時的神祇，功能性上比較符合漢人體系下福佬與客家的整合。

再者以神祇出現的過程來看，五穀爺與義民爺的起源都是家庭祭拜，而且一開始的奉祀者都是屬於苗栗移民。根據義民爺家庭祭祀的報導人說，義民爺是撿到的，而且撿到的是香袋，而且當時義民爺會抓「童子」，報導人的叔叔就是被抓的乩童。而後越來越多人知道義民爺很靈驗，才會開始聚集在家中共同祭拜。以原鄉作為神祇的分別，或許對於苗栗與新竹的移民中，是有不同的觀點。然而後來還是有許多老一輩的人，依舊是認定義民爺是陰的，不能進入廟宇中奉祀。

二、找地

五穀爺當時暫時放在五穀宮旁的小房子內。籌備建廟的委員委託由風水師找地，認為現在廟宇的位置最為恰當，然而土地為八戶人所有，所以也經過一番的溝通才購得。土地在日據時期屬於海軍基地，後來日本人走後，變成伙食團和柿子園，原先因為八戶人家共同使用公地，後來公地放領後，八戶人正式獲得土地，而後才售予建廟。

　　據說，當時日人離開以後，客家人大量的進入移民村居住，除了佔有日本人的土地及房子外，還將週遭的土地劃歸為自己所有，一直到公地放領之後，土地才正式的擁有。在當時，這是一個很普遍的現象，雖然開始呈現的是土地佔有的行為，然而透過國家的政策，將土地名正言順的納入在自己的財產名下，嘉惠了許多當地的居民，也就是說，藉由官方的力量，將土地劃歸為自己名下，合法性的接收日據時期移民村的土地而不受干預。

　　即使如此，八戶人所共同擁有的一塊地，時為經過很多的溝通與協調才取得。直到後來五穀宮芳名錄下的吳阿光，可能是八戶中擁有最多也是最主要的產權者，因為土地的產權轉移協助而蓋廟成功，也成為名錄下的一員。

三、香油穀／錢

　　開始收香油穀的時間不知道是何時開始，許多人只知道是要蓋廟，推測是民國五十左右，因為民國五十一年開工，在五十二年首先完成正殿以及落廄三間。[2]香油穀當時各鄰有兩個負責人推著俗稱「里丫卡」兩輪車，到各戶去收，繳交的數量由各戶去決定。繳納香油穀主要是因為地方經濟並未繁榮，而鄉

---

[2]　落廄是指稍低於正墊的側室。

內大多以種植稻穀的農夫為多，所以繳納大穀比收款更為方便地方的人參與建廟；再者由於提倡建廟的黃水旺任職於糧食局，只要收了足夠的稻穀，直接在糧食局兌換錢，以利作為建廟的資金。香油穀一直收到民國六十五年才改由年收緣金，而香油穀的時期正式結束。[3]

然而在七十二年時，北昌村因為鄰近花蓮市，多以商業為主要的活動，務農人數減少，對於五穀爺的信仰轉而以其他祭祀神祇而退出；另一個退出的是光華村，主要因為村內的人口組成多以原住民及外省人為主，也退出祭祀範圍，形成以十五村為主的五穀宮祭祀範圍。迄今由於其他村不同性質廟宇的興起，加上以農業為主的村落僅以鄰近五穀宮的村落為主，祭祀範圍主要以多數務農人口的村落，而且廟宇中的管理委員會及義工和年長的信徒都以客語作為溝通的語言，所以當地的年輕人多稱為「客家人的廟」。[4]

從香油穀到香油錢的演變，除了可以知道整個吉安的發展情形外，還可以知道整個環境的轉變。從穀到錢，意味著早期農業社會的轉型，而吉安從以農業為主的多數職業結構，開始慢慢的步入以二、三級產業的社會型態。務農的人減少了，生

---

[3] 2005.3.30 田野資料。

[4] 2003.11.11 邱苡芳、呂志鵬訪談，吉安村村長范晏城報導。

活也變好了，自然在金錢上的提供會更為方便，而且對廟方而言，這樣的金錢運用更直接，無須經過他人之手，直接進入建廟的基金或是做為緣金。

四、祭祀組織與祭典活動

五穀宮的祭典活動主要有起福（正月初九）、武財神趙玄壇誕辰（三月十五）、五穀大帝誕辰（四月二十六）、關聖帝君誕辰（六月二十四）、中元普渡（七月十五）、孔子誕辰（九月二十八）、完福（十月十五）及建廟登龕（十一月二十三）。

五穀宮雖然為五十年左右興建的廟宇，當時有五穀爺會和媽祖會。五穀宮的祭典，則以各村輪流的方式，一年更替一次，負責舉辦廟宇一整年的祭祀活動，而其他各村則為協助辦理參與。媽祖會各村都有，媽祖祭典原本由各村自行舉辦，但最近這幾年由於整個祭祀環境改變，吉安鄉經濟型態的變動，以及參與祭祀的人員減少，所以目前有些村落合併舉行祭典活動。而在五穀宮的是屬於吉安村的媽祖祭典活動的場地。屬於廟中五穀爺的值年爐主會以各村輪流的方式，先由吉安村開始，一年更替一次，主要替換的時間在五穀爺誕辰之日，負責舉辦廟宇一整年的祭祀活動，而其他各村則為協助辦理參與。此外，還有屬於起福、完福的爐主會組合，五穀宮負責的主要為吉安村為主的信徒，提供起福完福的祭祀場地，這是除了五穀爺的

爐主組織外,另一個在祭典上重要的爐主組織,而這也是屬於各村的組織。然而近幾年來,除了媽祖祭分歸到各村廟辦理,而五穀宮僅為吉安村的祭祀範圍外,完福祭典也在兩次的全鄉天神良福雞整合祭典區域的計畫活動結束後,又回歸到作為吉安村的祭祀場域。

五穀宮祭典活動費用由廟宇所收的緣金為支出,通常由爐主會下以鄰分配的首士負責到各家收取,緣金以該鄰居民自由捐款。然而現今由於外來人口多,而緣金的勸募主要還是以舊住戶為主,新住戶參與勸募的不多,主要因為有不認同信仰和害怕被欺騙等原因。此外對於五穀爺誕辰的繞境活動,範圍廣及全鄉,並邀請鄰近廟宇和花蓮市的其他廟宇一同參加,在九十年以前為每年一次,時間都在五穀爺誕辰之日,然而九十年後,由於花費太大,所以改為每三年一次。

五穀宮為吉安的重要廟宇,尤其在五穀爺誕辰時,依舊吸引不少善男信女參與祭典,然而五穀宮也作為早期媽祖祭典活動與起福完福儀式的場地。從緣金簿上來看,五穀宮舉辦活動最盛大的時間點是五穀誕辰及年尾的登龕大典,還有一直到86年開始的孔子誕辰,為主要對外三個盛大的活動。孔子誕辰的活動起源於廟方對於文武雙併的想法,關聖帝君所代表的是武神,而孔子所代表的是文神,透由祭拜孔子的儀式,使地方學子能夠得取功名,開展地方的學風而起,所以廟方都僅以三獻

禮作為廟內的祭典活動。有趣的是，從 86 年開始，祭孔大典活動擴大舉辦，縣府、公所、農會和社教館的經費也投入其中，協助活動的辦理，廟方也訓練了禮生，投入在這次的活動之中。此外相關的活動還有辦理各項比賽，如寫生、書法、作文等，鼓勵縣內的學生參與，而所得的各項比賽的獎狀，也被列為縣級重要的比賽之一。

五、請神暨繞境

五穀爺誕辰的繞境活動，範圍廣及全鄉，並邀請鄰近廟宇和花蓮市的其他廟宇一同參加，在九十年以前為每年一次，時間都在五穀爺誕辰之日，然而九十年後，由於花費太大，所以改為每三年一次。對於繞境活動，除了耗費人力與金錢以外，對於五穀宮而言，主要在於人力的流失。近年來，年輕人投入廟宇活動的甚少，都是以年長一輩的長者為主，對於金錢的花用，主要在於請人參與活動，或者其他廟宇的參與，甚至是歌舞表演以及作戲和宴客。宴客在五穀宮是常見的，只要廟裡舉辦活動，除了以三獻禮作為對神表達至高的敬意外，宴客就是三獻禮完後必要的活動。宴客前要做一個「犒軍」的儀式，[5]在

---

[5] 這裡的「犒軍」所指的是將煮好的飯菜拿到擺放在廟宇中庭的桌上，等待神明享用。最後由祭典師筊決，若為神杯則為神明享用完畢，接著由信徒在外頭廣場開始食用飯菜。

五穀宮這個地方顯得特別，以五穀宮這樣的廟宇來看，犒軍所代表的意涵僅是在宴客前先宴請諸位神明罷了，以犒軍這個名詞而言，似乎僅是借代用語。廟裡中青輩的人認為，如果不辦理餐會，參與的人可能會更少，為了提高參與的人數，增加可看性，還是眾人真正為了酬謝神明，而參與活動，在敬神的動機上，明顯是少了許多。

請神主要以五穀宮辦理大型祭典時為主，以 2005 年的五穀爺誕辰為例，主要邀請的神明有十七尊，包括有花蓮市的老廟宇慈天宮（天上聖母）和聖天宮（關聖帝君）以及港天宮（天上聖母）、皇龍宮（黃龍太子）等四尊，其他為吉安鄉各村的大廟，包括有勝安宮（勝安村－無極瑤池天上王母娘娘）、北天宮（原位於北昌村，後搬到光華村－玄天上帝）、東天宮（南昌村－天上聖母）、慈音宮（仁里村－觀音佛祖）、慈和宮（仁和村－高府千歲）、聖南宮（仁安村－天上聖母）、聖能宮（東昌村－巧聖先師）、武聖宮（東昌村－關聖帝君）、玄武宮（太昌村－玄天上帝）、神天宮（稻香村－五穀神農大帝）、普門寺（南華村－觀音佛祖）及慶天宮（慶豐村－玄天上帝）等十二尊。

請神主要將上述各廟宇的主神請到五穀宮內參與祭典活動。通常都是祭典活動的前一天，有祭典師帶著爐主及主委到

各廟宇去請神，[6]請好的神祇則放置在神轎上載回五穀宮中。參與祭典活動的廟宇是如何決定的？廟中的人大抵都不清楚，只知道之前的人這樣做，他們也跟著這樣做。在花蓮市的四間廟宇中，慈天宮和聖天宮為花蓮最早的廟宇外，港天宮與黃龍宮的交陪是比較特殊的。然而吉安鄉各村有所屬的廟宇的主神，除了干城和福興村。由於干城村除了佛教的廟宇西寧寺，加上族群分布中各族群分散四處，對於村內的信仰較無整合的廟宇，而福興村以福佬人居多，而且近年來外來人口多，也無村廟的產生，所以這兩村並沒有相當廟宇的神祇參與五穀宮的祭典活動。

而在遶境的活動中，各村的土地公是不能參與遶境活動的，主要是因為五穀宮本身有自己的土地公，所以不請鄉內的土地公來參與，再者是因為在神格中，土地公的輩分小，不過經過的時候依舊會膜拜。而在慶典時，廟裡的人並沒有去請義民爺，有些人認為義民爺所屬廟宇的管理委員可以把義民爺請過來，然而從來沒有過，也有些人認為，義民爺的神格太低，甚至是陰神，不可以請入五穀宮內。

---

[6] 祭典師為廟裡負責辦理各項祭典的司儀及祭典過程的指導者。

五穀宮門

第二節　祭祀範圍的變動—以鄰為單位的祭祀型態

一、祭祀組織的分層與行政區域的關聯性

　　五穀宮內部的祭祀組織，大抵可以三層來分：爐主－副爐主－首事。爐主的輪值方式由各村輪流，資格爲有繳納緣金者，也稱作值年爐主。而爐主下有副爐主，各村各有一位副爐主，主要的功能是協助值年爐主一整年的活動辦理，通常由村長擔任，倘若村長不願意，也透由依照首事名單來筊決，若被筊決者不願意，則由廟方決定人選，通常以前一任副爐主爲首要人選。而副爐主下有首事，首事依照各鄰的數目而決定，而且擔任首事的大多是鄰長，無須透過筊絕，而擔任收取緣金的工作，以及協助廟方和參與祭典。不過吉安鄉由於外移人口增加，參加緣金者的數目日漸減少，遇到首事不願意參加的鄰，除非副爐主願意到各戶收緣金，否則就會消失在祭祀範圍。

　　五穀宮的祭典組織，可以說是與整個行政單位相契合。從爐主－副爐主－首事，大約等於村長（值年）－村長（其他各村）－鄰長，將祭典組織的整個運作，到最下層的以鄰爲單位

分層管理各戶。這樣的管理對於廟方而言，除了可以透過各鄰去掌控整個祭祀範圍內部的各戶外，另一方面，可以作為政治的運作下到各鄰，在下一章，會有完整的介紹。五穀宮繳納緣金的對象是以各戶為單位，透過首事的運作，可以了解各鄰基本上的型態，也就是可以分別出族群及職業的分別，如那幾鄰居住的是客家人，哪幾鄰基本上的職業型態是務農的。但是大部分位於祭祀範圍內部的，都是兼具有兩者身分的人。再者，由於吉安鄉的移入人口，對於各鄰的首事而言是一大困擾，主要是因為現在行政區域的劃分已經不下到各鄰，然而新移入者正確的戶數首事並無法了知，而且新住戶總有許多的理由拒絕繳納緣金，到最後，首事所收取費用的範圍都是呈現固定的戶數，只是該戶願不願意繳納而已。祭祀範圍也就是在這樣的原因之下消失，雖然有說是因為鄰近廟宇的聲勢過大（如慈惠堂、勝安宮），也有一說則是討論著整個大環境對於信仰的消逝等，無論如何，逐漸沒落的情景也在在浮現出。

二、以鄰為單位祭祀範圍的特色

五穀宮的祭祀範圍，主要源於參與繳納緣金的各戶為主，每戶登記有一人的名字即可代表全家。收繳緣金者為五穀宮的首事（有時副爐主亦會去收取緣金），然而前述所說，由於吉安鄉外來人口多，真正參與繳納緣金者，從開始以來的戶數變

動都不太大。許多首事都表示，外來移民多以「我們不拜拜的」、「我們信基督教」等種種的理由做為不參與的理由，甚至認為他們是詐騙的集團。還有住戶雖然繳納了緣金，但希望首事不要把名字登記在上面，以無名氏的方式繳納緣金，主要的原因在於，該戶不想擔任首事，而去避免在筊牒時「不小心」中獎。前者主要是首事們對於外來人口無法參與投入祭祀活動的無奈，後者卻是對於參與但不願承擔廟中任何職務者的心聲。而後，每當收與緣金之時，對於首事而言，所要收取的戶數，就依前一年收取的戶數為根據，也就是說，參與繳納緣金的戶數，大致應該和前一年的戶數是相同的，但真的是如此嗎？以 2004 年和 2005 年的繳納緣金表來看：除了永興村的沒有變動和宜昌村的增加外，每一村的參與戶數都是在減少的。關鍵的部份除了在繳納緣金的各戶之外，還有擔任收取費用的首事。

　　首事所扮演的角色，主要作為各戶與五穀宮之間的橋樑，除了收取緣金外，村民也可以藉由首事，了解五穀宮所辦理的活動，甚至是溝通的管道都可。也就是意味著，首事扮演著重要的角色，也就是在維持繳納緣金範圍。以參與的鄰里來說，去年度參與而今年度未參與，主要是首事並未擔負職責去收取緣金。以永興村而言，總共有 19 鄰，然而在去年度參與數為 14 鄰，今年也為 14 鄰，其中 8、11、12 三鄰的首事並未去各

戶收取緣金，然而卻由副爐主將這三鄰的緣金收齊，維持好該村主要的祭祀範圍。宜昌村較為特殊的在於，參與祭祀範圍的鄰數，可能是增加或減少的。因為「五穀宮正副爐主首事芳名」在前一年度，有 5 個鄰僅記載首事名，但未把各鄰標出來，造成對照的困難，也無法判斷是增是減，但是以宜昌村鄰近花蓮市，加上商業化的程度也高，或許減少的可能性是比較高的。

　　當然，這樣的判斷祭祀範圍的方式是很粗糙的，但要挨家挨戶的問，甚至把範圍明確的繪出，有其困難性存在，一者是因為各鄰的範圍雖然存在，然而取得各鄰明確的界線，有其難度。再者，各鄰內所能抓的戶數也不明確，主要是因為新住戶多之故。當然這些戶數中，還是有些住戶原本就參與五穀宮祭祀者，在沒有首事收取緣金的情況下，只能透過五穀宮辦理活動時以捐香油錢的方式來進行參與。不過因為廟中並無開立收據，所以也無法得知這些捐獻香油錢者多居住的範圍，所以沒有納入本章來討論。

表 4-1　2004/2005 各村所形成之祭祀範圍

	目前鄰數	2004 年參與鄰里	2005 年參與鄰里	備註
東昌村	41 鄰	2、6、8、10、18、22、29、32、34、39、41，共 11 鄰。	4、20、22、29、34（另二鄰僅記載首事名，併入）共 7 鄰。	少 4 鄰
永興村	19 鄰	1~14 鄰，共 14 鄰。	1~14 鄰，共 14 鄰。（其中 8、11、12 鄰的首事並未收取緣金）	沒有變動

太昌村	27 鄰	1~9、11、13、15、17、25、27，共 15 鄰。	2、3、4、5、6、7、8、9、10、11、12、15、25、26 共 14 鄰。	少 1 鄰
稻香村	31 鄰	1、3~19、21、23~27、31，共 25 鄰。	2、5、7、12、13、15、16、17、18、19、23、24、25、26、31 共 15 鄰。	少　10鄰
宜昌村	32 鄰	1、2、5、8~10、18、28、30（另 5 鄰僅記載首事名，有 2 鄰有 2 位首事，這裡僅算計 1 名）共 14 鄰。	1、2、5、8、10、11、12、13、15、17、19、23、28、31、32 鄰共 15 鄰。	可能為增加或減少
南昌村	23 鄰	1、2、3、6、15、17~19、23，共 9 鄰。	7、17、19，共 3 鄰。	少 6 鄰
仁里村	40 鄰	1-6 鄰、8、11、14、15、16、22、28、（另二鄰僅記載首事名，併入）共 18 鄰。	22、1、2、4、5、6、14、15、22、28、40、（另一鄰僅記載首事名，併入）共 12 鄰。	少 6 鄰
勝安村	18 鄰	3~5、8~12、18，共 9 鄰。	1、4、5、8、12、14、18 共 7 鄰。	少 2 鄰
南華村	17 鄰	1~5、8~9、11、13、15~16，共 11 鄰。（其中 2、3、16 各有兩名首事）	1~5、7、11、13、15、16（其中 2 鄰有 2 位首事，16 鄰有兩位首事），共 10 鄰。	少 1 鄰
干城村	12 鄰	4~7、9、12，共 6 鄰。	4~7、9，共 5 鄰	少 1 鄰
福興村	22 鄰	1、3~5、7、9~11、13~16、17、19~21，共 15 鄰。	1、3、4、5、6、7、9、11、13、15、17、19、20、21，共 14 鄰。	少 1 鄰
慶豐村	50 鄰	2、5、8、15、22、24、25、30、33、35、40、44、48、50（其中 22 鄰有兩位首事），共 14 鄰。	2、5、8、15、22、27、30、33、35、44、50 共 11 鄰。	少 3 鄰
仁和村	36 鄰	1、2、3、6、7、9、10、26、35、36 共 10	7、10、26、35、36 共 5 鄰。	少 5 鄰

		鄰。			
永安村	29 鄰	2~3、5、7、9~10、12~16、18、20~29，共 22 鄰。	1、2、3、10、12、16、18 共 7 鄰。	少	15 鄰
吉安村	27 鄰	1~14、18~20、22~25、27，共 22 鄰。	4~13、19~20、24~25、27，共 15 鄰。	少 7 鄰	
光華村	7 鄰	72 年退出。			
北昌村	45 鄰	沒有在祭祀範圍內。			
仁安村	22 鄰	併入東昌村的範圍。			

資料來源：1.平安宮 95 年度各村緣金收支情形。
2.94 年正副爐主首士名冊。
3.筆者整理。

三、近年來的祭祀範圍變動

　　五穀宮近年來的變動，對於廟方而言，主要是繳納緣金的戶數減少了，還有緣金的收入也減少了；對於爐主、副爐主而言，主要談論大環境的轉變，許多民眾在參與祭典活動上，不再如以前熱絡；而對於首事，這樣的變動主要產生在外來人口的增加，還有對於緣金的收取不再這麼的容易，甚至熱衷於五穀宮活動的長者往生，他的兒子或女兒也不再參與，也就是說，這一戶就消失在的祭祀範圍。從平安宮收香油穀迄今，變動的情形如下：

表 4-2　平安宮的緣金收益演變表

時間	緣金	演　　變
民國 51-65 年	香油穀	建廟時期，收香油穀，由在糧食局的黃水旺負責將香油穀換為現金作為建廟費用。收取範圍為全鄉（15 村）。
民國 66-72 年	香油錢	年收兩次，以五穀爺誕辰和登龕時收取，為自由緣金，然而 72 年北昌村、光華村退出。（13 村）
民國 73-90	香油錢	年收兩次。（13 村中又劃出為 16 村，仁安村併入東昌村）
民國 91 年後	香油錢	年收一次，為十五村範圍。

資料來源：平安宮總務傅國堂先生口述，筆者整理。

　　在 51-65 年間，香油穀時期所收取的範圍為全鄉，然而當時並未有各村各戶的資料留下，僅能透過耆老的記憶去回顧。至於需要繳納的量有多少，有些住戶各說不一，但多數都是說依照自己的心意而決定。然而範圍到底有多大？從口訪中得知在當時原住民參與祭祀的意願很低，而且現今吉安鄉還可以詢問到原住民集中居住的區域，而且只有年長者可以正確的指出，可想而知，應該是屬於原漢雖然混住在同一村落，但下到最底層以鄰為行政單位，還是可以看出原漢是分開居住的，而且在信仰上各有自己的所宗，所以原住民的參與度不高。再者在當時還是以農業為主的吉安地區，尤其在農業人口超過全鄉人口數的一半，而對於五穀大帝為農業的保護神的祭祀參與應該甚為熱心，所以才有參與的範圍為全鄉這樣的一個說詞。

表 4-3 吉安鄉人口暨農業人口數及戶數

	全鄉戶數	全鄉人口數	耕作農戶	農業人口
50 年	4167	23457	3146	17515
55 年	5570	27357	4570	21252
60 年	6162	31221	3413	19401
65 年	7192	35721	3353	19523

資料來源：吉安鄉志農業篇

　　66-72 年雖然改收香油錢，然而光華村和北昌村卻在 72 年退出祭祀範圍。主要是因為北昌較靠近花蓮，商業化快速，大多數的居民都從事經商，然而五穀宮的農業信仰對於經商者較不實際，而且北昌居民認為祭祀北昌村的土地公即可，因為土地公在民間的另一個說法為財神爺，所以北昌村民退出祭祀範圍。不過這是廟方的說詞，根據緣金簿上的記載，北昌村一直到 83 年才退出五穀宮的祭祀範圍，也就是說，在這段時間內，依舊有首事在北昌村收取緣金，還有居民參與五穀宮的祭典活動。而另一個光華村，廟方認為是因為光華村多為外省人，所以參與度並不高而退出。其實除了外省外，還有阿美族人，在人口的組成上是以外省人居多。再者是光華村離五穀宮較遠，對於光華村的漢人而言，都以當地的廟宇慈安宮為信仰。

　　73 年迄今主要是緣金的收取由年收二次到年收一次，主要是因為多數民眾覺得收一次就好了，年收二次很麻煩，所以廟方就改為年收一次。從緣金簿上來看，也是意味著，對於五穀宮內部的收入可能是減少一半的，雖然廟方認為沒有，從數字

上來看，雖然現在收緣金的部份已經變成在登龕大典時以自由捐獻的方式，然而都比不上收二次緣金時的金額數。轉變收取的方法雖然是方便了民眾，然而民眾並未將收取二次緣金的錢一次繳納給廟方，對於廟方的損失更大，這也是後來內部委員都認為五穀宮無法繼續支撐的原因了。

　　其實這樣的轉變，主要是意味著五穀宮祭祀範圍的變動，受到廟方與民眾心態的影響。廟方的認定是站在一個高位者的心態，但由於整個社會的變動，參與祭祀者逐漸銳減，而不得不採取別的措施，這樣的措施就是依附著大環境的轉變。而民眾繳納緣金，認為二次收太過麻煩而改為一次收，但在繳交緣金上卻也維持和一次繳交的金額一樣，對於廟方而言收益不大。不過這樣的變動會繼續下去，除了大環境依舊支配著許多民眾，還有外來人口的增加不見參與，老者往生後後輩不參與等理由，僅能透過改變才能拉回信眾。

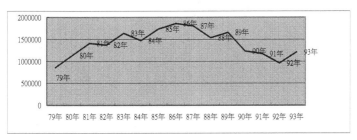

圖 4-1　近 20 年來緣金總額

第三節 內部組織的運作—五穀宮管理委員會

民國五十年間，以黃水旺、鍾有招、黃壬郎、楊河耀、鍾金火、曾進相、吳遠香、吳積福、黃金風、陳正和、張春波、李傳根及吳阿光等人倡議建廟後，五穀宮於民國五十二年春完工。而後到民國八十六年，相繼完成了建築物的整體，也就是目前所見的樣貌。以上述的倡議的地方先賢而言，皆爲地方菁英的組成，可以從他們當時在地方所擔任的要職來評判。

表 4-4　參與建廟先賢所擔任地方要職一覽表

先賢	黃水旺	鍾有招	黃壬郎	楊阿耀	鍾金火	曾進相	吳阿光
地方職位	縣議員	鄉民代表		前鄉民代表	太昌村長		無
先賢	吳遠香	吳積福	黃金鳳	陳正和	張春波	李傳根	
地方職位	稻香村長	農會總幹事	縣議員	仁里村長	福興村長	鄉民代表農田水利會站長	

管理委員會主要爲執行機構，分爲管理委員以及監察委員二種。管理委員主要包括主委、副主委、常務委員以及委員三層，監委則包括常務監察和監察二層。管理委員主要負責廟務、財產管理、爐主會運作等，而監委主要在於監察廟產的部份爲重點。此外，主任委員還有任命總幹事（兼會計）、總務

（兼出納）以及給薪的廟祝。從整體來說，主任委員的產生是最為重要的，因為透由信徒大會的選舉，主要為主任委員及監委選出，只要主任委員選出，而管理委員則一併而出；監委主要以高票者為優先。較特別的在於，主任委員可連選連任，並沒有次數的問題，所以從第一屆開始，任期都不一，甚至還擔任地方要職時，也兼任為主任委員。

表 4-5　吉安鄉管理委員會主委暨地方要職相關資料表

任　期	時間	主任委員	曾任地方要職	擔任時間	備註
一	51~55	黃水旺	1、原為 35 年第一屆鄉長，後未具資格宣告當選無效。 2、糧食局 3、縣議員		
二	55~59	黃水旺			
三	59~63	黃水旺			
四	63~67	陳正和	鄉長	53~57/57~62	
五	67~71	黃安存	農會理事長	70~74/74~78	
六	74~75	徐松海	1、縣議員 2、鄉長	83~87 87~91	
七	75~79	徐松海			
八	79~83	徐松海			
九	83~87	徐松海			
十	87~91	徐永滿	鄉長	75~79 79~83	
十一	91~95	徐永滿			
十二	95~	傅崑其	現任立委		

出處：吉安鄉志、五穀宮文史錄

第四節　小結

　　就祭祀範圍參與人口的情形來做討論。五穀信仰開始是由

苗栗移民所攜帶，原始的風貌早已無人能知，然而對於當時的人而言，五穀爺所代表的並非僅有農業社會中的守護神而已，尤其對移民而言，所象徵的是家鄉的神祇。尤其是移民初來到此地，唯一熟悉的僅有家鄉的神祇而已，越是熟悉的環境、熟悉的人或物，總是能由心的得到信賴與支持，這也就是五穀爺信仰可以集聚許多苗栗移民的緣故，而這些移民都從事農作，所以也認定五穀爺是農民的守護神。

再者，由於五穀宮的形成較晚，但也透由農業信仰神而吸引了農民參與，而這些農民多以漢人為主，而漢人之中，也以客家人為多。這也是後期五穀宮可以順利轉變成為「以客家人」佔多數祭祀人口的內在因素，當然外緣的因素還有許多，以待下一節在討論。然而這樣的接續，主要的原因在於信仰不能再僅止於農民，雖然廟方也迎請了五路財神，試圖可以讓商人也可以祭祀，然而還是無法將五穀宮盛大起來，更也不用說與慈惠堂或勝安宮相比較了。

農業神的信仰隨著大環境的轉變，除了以信仰為依歸的農民逐漸減少，還有外地移入本地的人口逐漸增加，而參與的民眾也一年比一年的少，參與的年齡層少有年輕人，大多以老年人為主要參與者，當然也有不少年過半百的人士參與，除了轉變，似乎也沒有新的方法，可以讓廟宇重新站起來，回歸到最初的神聖地位。

第五章

信仰與地方菁英

第一節　地方菁英的轉替

　　從過去的研究中，將臺灣視爲移民社會的型態，社會學者陳紹馨（1979）指出凝聚臺灣社會的三種方式：血緣、地緣與功能關係，對應於三個整合社會的類型，分別有：部落社會、俗民社會與公民社會，每個社會類型所對應的政治型態分別爲部落、村莊與國家，人口現象分別爲高死亡率、規律的人口成長及下降的死亡率，從歷史上看來，可以對應臺灣的土著社會、日據前臺灣的漢人社會及日據後的臺灣社會。而後人類學者在將之細分爲祭祀圈、婚姻圈、宗族的形成或市場體系等等，企圖建立相關的基礎資料，用以探討凝聚漢人聚落社會的原因。[1]

　　不論凝聚漢人社會的方式爲何，從歷史上來看，帝國時期的國家權力僅能達到縣級，然而縣級以下的社會控制，必須仰

---

[1] 關於漢人聚落社會的多種研究方式，主要源於三個解釋模式：一是由 William Skinner 以四川地區為研究場域，發展出「六角形市場理論」，二由 Maurice Freedman 以閩粵邊疆地帶為研究地區，看到官方力量無法擴及，而且稻作農業所需求的水利灌溉以及大量的人工，形成「宗族發展模型」，三則為臺灣本地發展出的「祭祀圈模型」，源於日本學者岡田謙的論述，而後經濁大計劃中施振民、許嘉民的應用修飾到林美容詮釋而達高峰。

賴「地方仕紳」的協助，而這些地方重要的仕紳，就是本文所要探討的「地方菁英」。

在臺灣社會的發展上，地方菁英從未缺席，無論探討血緣、地緣或功能關係，甚至人類學細分的研究上，在在都有他們的身影。吉安鄉也不例外，尤其在日治殖民政權結束，地區獲得了解放，接著在地方選舉制度讓個人想要躍躍欲試，希望晉身為重要的人物，所以免不了也展開了地方上的角逐。

一、地方菁英的定義

從地方開發史的內容來看，地方菁英的興起是與早期拓墾有相關。然而在吉安鄉，地方開發與菁英的形成似乎無多大關聯性，真正討論本土的菁英形成，卻是在戰後透過參與地方選舉而興起。主要原因是大多數的居民在日治時期移入，移入通常是以戶為單位，居民發展背景相同而且國家所賦予的權利又相當一致，也無宗族的形成，而且多成為移民村的佃農或者幫傭，居住在移民村的外圍，直到戰後國民政府的接收以及國家政權的進入，人民意識才開始漸漸崛起。戰後由於政權的輪替，在推動地方政策落實之時，對於執政者控制和掌握地方的方式則透由選舉為最直接的手法，也就是這個時期的地方菁英形成的重要原因。

根據 Joseph Esherick 及 Mary Rankin（1991）的定義，地

方菁英（local elites）係指中介於國家政權（官方）與地方社會（民間）之間，其身分、社會地位、財富不同於一般人；且個人或家族能在地方社會中運用各種策略建構支配能力，藉以發展或維持其影響力者，稱之為「地方菁英」。此外，陳世榮（2005）從臺灣開發史或社會史的研究上，提出在三種社會菁英的特徵：1.地方仕紳 2.官方在地方上的鄉治代理人 3.地方頭人。不同的時期，地方菁英所扮演的角色，會根據不同的情形而有所差異。而陳世榮透由清代、日治到近代，分別藉由分期，提出清代、日治以及戰後地方菁英的研究中。清代主要為「官方在地方上的鄉治代理人」，也就是經由官方認可的鄉治代理人，同時具有民眾的支持與認同，官方政策的執行與協助兩種職責，重要的是官方也透由他們控制地方社會，一般以地方仕紳作為表示。而日治則是殖民政府所定義的「上流社會」份子或有力者，也就是接受殖民政府的褒揚，或者總督府組織內的臺人社會菁英等，重要的是以財富和聲望作為職銜選任的依據，雖然效果可現，然而卻也是造成地方政治參與的壟斷和日後地方派系的形成之因。至於戰後則是偏重以政治、經濟、地方派系以及外來政權的問題為主要討論主軸。另外還有一種是屬於「地方頭人」，這是地方社會裡民間團體組織中被自然推帶成為領導者的菁英份子，或者對於地方社會的公共事務具有影響力卻比較不具官方色彩的菁英，對於一般民眾而言傾向於支

持，然而官方的態度則是以默許或容忍的情況。不過地方頭人的角色，在民眾與官方的心目中，並非恆常不變的。[2]

二、新舊地方菁英的形成與討論

舊地方菁英的形成多在戰後（1950 年），透由地方自治的選舉活動，晉身爲地方的要職，而且同時擔任與地方密切相關的單位要職，如廟宇的負責人、學校的會長，甚至是地方農會總幹事…等，對外作爲拓展自己的名聲，凝聚群眾的支持，對內還可以劃歸自己的勢力，積極拓展人脈關係。吉安鄉志（2002）上所記載的人物篇內包含有「拓殖」、「鄉賢」和「宦績」，其中拓殖所討論者以清時開發吉安者爲主，然而鄉賢卻以地方上在教育的付出者、代表參與比賽得獎者以及學識淵博者，然而「宦績」都爲地方上透由選舉而縉紳，而且都是地方上有名的人物，尤其對於地方的貢獻頗爲良多，而舊地方菁英是以第三者爲探討。

新地方菁英主要是指近年來在地方組織的參與，在地方社會團體組織中被推舉爲領導者的菁英份子，而且獲得地方民眾

---

[2] 陳世榮從文獻中列舉出如業主（地主）、耆老、族長、民隘首、義首、約長、業戶管事、舖戶（不具功名的商人）、佃戶（小租戶）等，以及地方公廟相關祭祀、醮儀與慶典活動的爐主、總理、董事、緣首（募款者）和神明會的首事等。

的支持與贊同者。這些人都是地方上的民眾，對於地方的發展
或文化的推廣有高度的熱心，透由組織辦理的各項活動積極招
募地方人民成為會員，除了增加地方居民的參與度外，更也帶
動地方學習的風氣。一方面對於地方內部帶動整體的投入，另
一方面拓展組織並與政府單位保持相當的互動關係。下一節所
要介紹的「吉安鄉客屬會」、「花蓮縣文化推展協會」都是屬
於上述所說新地方菁英的類型。

　　這裡以新、舊地方菁英作為吉安鄉菁英的區別，不過這兩
股勢力是同時存在於地方上，只是在整個目前發展的趨勢中，
新地方菁英的崛起重要原因是對舊地方菁英運作的不滿，但是
舊地方菁英並未因此而消失，卻也逐漸受到新地方菁英的影響
而部分轉向模仿新地方菁英運作的模式，也就是最終的目的性
並未消失，就是希望獲得多數人的認同與支持，得以繼續維持
在地方的地位與名聲。

表 5-1　新/舊地方菁英的比較

內容	舊地方菁英	新地方菁英
地方地位	地方要職	多為退休公職人員
菁英類型	近似官方在地方上的鄉治代理人/地方派系	地方頭人
使用方式	政治凝聚	積極辦理公共活動
背後意義	增加政權的掌握，個人權利及派系運作	積極推廣活動，鼓吹客家文化的重心
權力中心	菁英個人	團體運作
金錢來源	權力個人	募款、政府補助

地方意識	薄弱	強烈
主要差別	個人意識/派系強烈	鄉土意識高漲
廟宇活動的參與	政治運作的空間	活動推廣的空間
對平安宮的想法	傳統功能的運作	企劃經營觀念 （寺廟經營產業化）
族群意義	無強烈意識	多元接納，但以客家文化為主體

三、從舊地方菁英時期邁入新地方菁英時期

　　新舊地方菁英的共同點，都是以五穀宮作為展演的空間。在民間宗教的相關研究中，一般學者都同意村廟與地方政治有密切的相關（張珣，2003）。舊地方菁英藉以五穀宮，作為地方勢力的整合，也藉由農業神信仰的號召，以農民或其他信仰者的參與祭祀，已達到收納地區居民的效果，藉由選舉之力，穩固在地方上的勢力。然而新菁英的時代來臨，重要的領導者不再是地方上的仕宦，而是透由文化層面所形成新勢力的一群人，國家和地方政治力量在此時已退為輔助功能，透由新菁英群運用地方文化產業活動的特色為號召，成功的讓地區性的信仰功能轉變。而五穀宮在此時的重要性是信仰背後所賦予文化性質的象徵，不再只是農業信仰，而是透由產業、族群與地方文化的結合，重塑五穀神農大帝信仰的角色。

　　整體來說，菁英的轉變，意味著由傳統到現代化社會中信

仰的轉變，尤其是神祇的功能性，五穀神農大帝不再只是農業神的單一角色，而透由族群文化和產業，形塑出更多元的神祇角色，吸納更多的人參與廟宇活動，這是其一。其二是一種從作為以提升個人晉升的政治目的轉變為文化的推展，舊菁英以五穀宮為場域，進行政治宣揚的活動，而新菁英卻透由五穀宮，發展以社群為主的地方產業文化，尤其是社群團體的運作，成功的轉換了地方菁英的活動模式，新的一股地方勢力因而興起，進而反過來主導地方選舉，營造官方間合諧的角色。

第二節　外部團體的支撐暨政府力量的介入—從客屬會吉安分會到客家文化研究推展協會

一、大環境的影響

隨著臺灣社會的快速變遷，由於國家政策、媒體塑造以及社會論述的轉變，對於族群人口的自我認同產生了變化。在1980 年代末期，臺灣客家人在社會運動的思潮中，也興起了「還我母語運動」，藉由種種的客家祭典活動、客家媒體、文化節日等，積極凝聚集體的力量，重新定位客家族群的身分認同及意識形態。從吉安鄉的人口調查中，客群人口在民國 45 年陳

紹馨調查時佔總人口的 36.2%，到了 90 年花蓮縣志的調查中，約略為三成左右，即使如此，吉安鄉依舊是花蓮地區客家人口最多的地方。然而這股風潮在八〇年代開始吹起，此區的客群也受到這股風潮的影響，尤其在地方選舉或後來的文化協會的推廣上，無不是順著這樣的潮流而作為人群集聚的一股內在的力量，也就是客家族群的認同。

　　再者，在傳統的信仰上亦會造成影響。以五穀宮為例，多數參與者為年紀較大的老者，多數也算是移民來花蓮的第一代人，與五穀爺有著特殊的情感存在，虔誠度較高。然而中、青兩代參與率甚小，在廟會活動時僅會露面持香拜拜，參與率更低。這也意味著，信仰在中、青兩代的意義，也隨著環境的變動而逐漸消失。

二、花蓮縣客屬會吉安分會

　　花蓮縣客屬會成立於 1996 年 11 月，成立的原因在於花蓮縣客家鄉親佔人口四分之一，為聯絡縣內之客屬人士，發揚傳統忠義精神，團結合作，共謀國內外文化交流的經濟發展，服務社會人群獎勵繼起人才，進而以宣揚中華文化及協助政府推行法令為宗旨。雖然花蓮縣客屬會是屬於正式的法人團體，然而吉安分會只屬於這個團體推廣的非正式機構，並無向主管機關登記，所以僅為地方性的社團，偶爾辦理的活動有新春團

拜、母親節活動或九九重陽節等活動，另外還有歌謠班和兒童夏令營的活動。不過由於吉安分會的會員一直認為分會的成效不彰，主要在於：1.分會的功能不彰：分會所辦理活動有限，不是聯誼，就是被動的去辦理活動。2.沒有會址：因為分會僅屬於推廣機構，只要是誰當會長，牌子就掛在誰家，對於會員而言，沒有正式的地方作為推廣活動的處所。3.對於客家文化的傳承，無法著力生根。此外分會的會長在政治裡立場上無法取得會員的認同，並對於福佬人產生排拒的心態，而且對於其他的參訪團體接待疏漏，所以引起部份分會會員的不滿與抱怨，而後另外成立一個團體。

三、花蓮縣客家文化協會

客家文化協會在 2003 年的 4 月成立，作為一個真正參與地方的正式團體。而協會的推廣宗旨在於：結合對客家生活文化、語言、歌謠、民俗舞蹈、禮儀及技藝之共同認識之人士，進行資料蒐集，研究分析，進而培育各類專長人員協助政府政策推行，並藉由示範、觀摩、聯誼及出版刊物等方式推廣輔導，益使客家文化源源流長（花蓮縣客家文化研究推展協會，2003）。選擇五穀宮作為一個文化協會會址的所在地，主要是因為五穀宮是大家都知道的地方，而且有寬闊的場地以及空間提供辦理各式的活動，而且對於五穀宮，也積極辦理祭典人員

的培訓與實際演練。92 年以來，文化協會辦理了不少活動，而且招募相當多的會員，不分族群，也不分區域，透由從客委會、縣政府到鄉公所所申請的計畫，尤其客家歌謠班，也吸引了不少客屬會歌謠班的成員參加，還有客語推廣班、舞蹈班、胡琴班…等一系列的活動，更是投入了鄉土的調查活動，逐步推展客家文化協會成立的宗旨。文化協會的成立，帶動了地方的參與，尤其對於原居住在吉安的居民而言。讓地方的居民培養對於地區的認同感，能夠積極的參與地區文化的推廣。

四、政府力量的介入

從 1997 年開始，五穀宮內旁祀的孔子相關祭典開始展開。開始祭祀孔子的原因，主要是因為管理委員會認為，神農大帝在中，右祀關聖帝君，左祀孔子，以勵鄉內的子弟，能夠允文允武，替鄉內爭光。除了祭典儀式的盛大舉行，更是舉辦全縣的寫生比賽、作文比賽等，而且獎勵單位為縣政府，而且每年孔子祭典皆由縣長（或副縣長）、鄉長等地方官員參與。

從緣金簿上來看，1997 年開始，縣政府、鄉公所、地方農會的資金開始進入，農會捐贈的緣金主要時間在五穀神農祭典，為最早注入緣金的單位。然而隨著地方政府擴大辦理活動，型塑孔子祭典在全縣的意義時，農會也積極的參與。此外，還有鄉公所，除了緣金外，從新春團拜的辦理、五穀神農大帝

誕辰、孔子誕辰、完福祭...等，鄉長或公所代表皆會積極參與。還有近年來客家慶典的推廣，客委會、吉安鄉客家事務局等，都積極的在五穀宮辦理相當多的活動，宛如五穀宮是全縣客家人重要的據點所在。

從五穀宮歷屆主委的身份看來，歷屆的主委都是在地方上有「相當」的身分，部分甚至與官方的要職重疊，從另一個角度來看，是屬於地方政府旗下的官員進駐於此地，平時可以達到政令推廣的工作，但選舉時卻為票源主要運作的場合，無論如何，雙重身份的行使，並非僅有單純的信仰，而背後卻還有另一層意義的存在。

五、從客屬會到客家文化推展協會

從客屬會吉安分會（以下簡稱吉安分會）到客家文化研究推展協會（以下簡稱協會），只有十年的光陰，然而在地方上的推展與活動的參與，實以協會為主。以兩者來看，最大的差別在於參與活動對象的認定，吉安分會認定參與的對象主要為客家人，而協會並無認定參與的對象，雖然還是以客家文化為主軸，但只要對於協會活動有興趣並且認同者，都可以加入會員，並無族群的區別。本文中之所以認定吉安分會的功能性依舊存在，主要在於兩者都以五穀宮作為會員聚會所在地，但吉安分會的會址是跟著會長走，並無方便居民的活動場域或明確

聯絡的地點。

　　從吉安分會成立以來，有諸多的客家人願意繳費擔任會員，同時也認同這樣一個團體的存在，不過對於地方上而言，還是因為派系的問題而引發紛爭，尤其每到選舉時，派系的運作總是與團體作結合，甚至認定只要團體領導人公開挺誰，誰就有機會當選。吉安分會在當時，也是因為會長公開挺閩系鄉長候選人，而背棄當時為分會內副會長的鄉長候選人，而被地方人士所異議。主要是因為吉安分會所參與的對象必定要為客家人，被認定為會長存有大客家主義的意識型態，然而在作風上，卻公開挺閩系候選人，而且不願意支持分會內副會長事為鄉長，這樣矛盾的作風，對地方而言是件大事，而這大事的發生卻也促成了協會的成立。

　　協會的成員大多與吉安分會會員重疊，然而由於協會的明確性，而且也積極的辦理相關的活動，甚至與五穀宮、政府、地方居民的互動關係良好。一方面以五穀宮作為活動辦理的場地，讓冷清的五穀宮變得熱絡許多，且五穀宮不再只是拜拜的空間，而是一個文化推展與課程落實的地方，尤其協會也協助辦理廟會祭典儀式的培訓活動，培養出祭典人員，並擔任五穀宮各時期的祭典活動，鼓勵地方居民多多參與。再者和政府的互動上，參與各項政府單位所辦理的活動，投入辦理相關的人才培育計畫，透由規劃與執行，從鄉、縣到中央，全力配合參

與文化傳承及推廣。然而在地方上，則是透過培育計畫，號召地方鄉民的參加，增加對地方的認同感。

所以，透由組織的運作，讓底層的居民得以參與活動，以共同的理念號召相同興趣者，積極參與地方文化活動的推廣，也因此，地方居民遂成為參與地方活動的主動者、主導者，這和傳統驅勢下農民被動參與的型態，有著大大的不同處。

第三節　結論─「客人廟」的形成

本文在探討吉安五穀宮的從開始以農業信仰為號召轉變成為以客家族群的主軸的信仰群體。在這過程中，除了早期內部的社群結構因素，也就是吉安鄉的客家人大多為農民，參與信仰祭祀者大多以客群為主，而且五穀宮歷任的主任委員皆為客家人，以及祭祀活動以古禮為主，遵照傳統以客家語言為儀式用語外，重要的外在因素主要如下：

一、大環境的轉變

客家意識的覺醒是主要的原因。透由近年來政府、媒體、言論…等不斷的重新形塑意識形態，建立客家認同，重拾客家文化的內涵，彰顯客家族群的在地方上的重要性。

二、地方菁英的運作

　　吉安鄉舊的地方菁英，初期是在戰後以地方選舉獲得人民支持的地方長官，尤其長時間在地方運作上，藉由參與地方上的活動、廟宇的頭人，甚至是學校的家長代表、職業組織等，形塑自己在地方上的勢力。但由於吉安鄉鄰近花蓮市，而且在發展上甚為迅速，外來人口大量進入，對於地方所造成的影響更大，對於這些舊地方菁英而言，如何攏絡這群人，鞏固自己的勢力是很重要的。

　　新的地方菁英崛起，主要是地方內部開始有人認真的思考客家族群相關的議題，甚至透由組織相關的團體，將客家人集結起來，首先是花蓮縣客屬會吉安分會的成立，雖然以文化多元並存的角度而言，客屬分會的成立容易造成族群對立，不過在日治時期的分區居住，戰後花蓮地方派系以語言群（閩系與客系）作為區分，實也是一個重要的因素。然而後期由從客屬分會出走透由對於地方意識與認同，以及文化層的思維而興起的新地方菁英，透由文化的形塑，客家文化的再現以及地方意識和認同感，重新建立人群的凝聚，也重新建立五穀宮在地方文化中意義。

三、賦予廟宇文化層級的意義

　　早期信仰形成的意義，主要在賦予一種實用性，也就是拜

農業神有助於農業上的收成與平安，拜孔子可以增加智慧，拜關公學習義氣，官孔二者並稱「文武雙全」，不過這也造成神明會越拜越多，到最後僅只是單純的拜拜求神而已，從古至今的信仰形態大多雷同。在受教育人口的增加，整個社會風氣的轉變，拜拜對於很多知識份子而言，僅存有許多的迷信而已。然而重新形塑廟宇的文化意義，賦予不同的面貌展現，信仰就會更有意義。近年來五穀宮的角色，與客家文化產業密切的結合，尤其在各個節日的祭典儀式上，透由活動的呈現與宣揚，除了打響了五穀宮的名號外，更藉由五穀大帝的農業神信仰，結合產業文化，形塑更加不同的信仰意義。五穀宮不再僅只是農業神，更是產業文化形塑下的客家神。

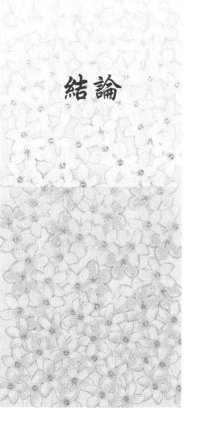

第六章

結論

　　本文主要討論在民俗信仰中祭祀範圍的變動及其意義，透由信仰與地方的關聯性作為觀察。其中在討論移民信仰的轉變所指陳的對象為日治到戰後移入花蓮的客家人，本研究則以吉安鄉客家人信仰為例，藉以了解信仰的意義會由於大環境的不同而產生轉變，這是其一。再者由於吉安鄉在整個花蓮縣的發展上，呈現高度的變動，尤其因為吉安鄉鄰近花蓮市，除了在經濟上快速的發展外，從過去到現在也為重要的農業區。另一方面，吉安鄉為花蓮縣境內客家人數最多的地方，也約佔吉安鄉人口的三成之多（康培德 2004:231）。所以吉安鄉目前是鄰近花蓮市的地區呈現出商業化成長快速的樣貌，其他地區則還是以農業為主，維持小幅的變動型態。所以在地區的發展上受到兩種不同職業類型的變動，隱含著區域內部發展也會呈現不同的面貌。

一、民俗信仰與地方

　　臺灣民間對於神明的祭祀，可說是非常普遍的，除了歷史傳統外，還有政治的因素在內（鍾華操 1979）。在歷史的傳統上，主要從臺灣歷史就是移民史的角度切入，所以在信仰上主要還是承襲大陸民間，認為一般移民在離鄉背井之初，都把家鄉奉祀的神明，隨身攜帶，冀保水陸平安。神祇作為移民的守護神，彰顯信仰根植於移民心中。在政治的因素上，與統治

政權有密切相關，一方面可作為官方統治的工具，而另一方面卻可為反抗官方勢力的整合，甚至在近年來亦可見到宗教團體投入民間社會福利機構、興建醫院等。鍾華操（1979）以四個分期來作為影響民間對神的信仰：第一期為分類信仰時期，以大陸移民播遷時，由不同地方有不同的信仰，難免因為維護自鄉的神而發生分類械鬥；[1]第二期為信仰一致時期，由於當局的領導和仕紳的疏通，加上語言習俗的互通，對神的信仰產生融洽而趨於一致；第三時期為傳統信仰動搖時期，正值日本在臺灣實施皇民化政策，禁止各種祭典並傳入日本神道；最後為宗教信仰自由時期，主要指光復後信仰自由的發展。

　　花蓮地區的移民雖在日治時期大量移入，多數的信仰只是初基，也就是從原鄉所攜帶香火或神祇，僅為家庭祭祀而已，尤其在當時政權之下，更無法形成地區性的信仰中心；再者，政權雖然抑制漢人的信仰，但多數漢人為僱農身分，在經濟上也不足以維持廟宇存在的運作，所以地方性的公眾寺廟，主要都在戰後形成。不過在漢人的傳統社會中，信仰一直被認定是支撐人民內心最大的力量，由於移民群來自不同時間與不同地

---

[1]　在鍾華操的說詞中，對於分類械鬥的認定，主要原因為維護自鄉神而發生械鬥。然而林偉盛則認為，清代臺灣分類械鬥的原因，主要是臺灣社會自然成長中所帶來的閩粵仇視，加上官方無視於問題存在所形成（1996：263-288）。

域，所呈現的意義已經有些許的不同，原因在於移民從原鄉帶來了信仰的神祇或香火，到了本地落腳後，面對自然和人文環境的差異性，除了信仰者賦予了神祇不同於原鄉功能性方面的角色轉變而呈現了多樣功能的意義外，也兼具有多種混合型的儀式存在。[2]

在戰後，移民透過許多的方式，募款蓋廟，所以寺廟如雨後春筍般的紛紛座落在各地區。以吉安鄉五穀宮為例，除了時間的轉變外，由於教育程度普遍的提升和外來移入人口多，居民、神祇、以及地區的關連性，產生了不同的面貌，尤其廟宇在作為一個地方的信仰中心之時，除了意義上會隨著整個大環境有所不同外，參與祭祀的人民、地方居民對於廟宇和信仰的神祇認知也會有不同的想法。以下以信仰初期（大約在 1940 年左右）和近日發展（約 1980 年）的信仰型態做個比對，以期能幫助了解整體信仰的變動。

表 6-1 信仰型態的比較

時間\內容	神職角色	地方發展	群體
移民初期	農業神	農作	移民為主體
近日發展（70年代後）	客家鄉土神	地方產業	社群

[2] 一般研究中提到所謂的「犒軍」指的就是犒賞神明的兵馬，主要犒軍的時間多在農曆的初一、十五。但以吉安鄉的五穀宮而言，在每個祭典結束宴客前，總會先「犒軍」，也就是先讓神明食用，等到祭典師擲筊後，才開始宴客。

　　討論移民與民俗信仰的關聯，主要有兩種，一是對原鄉的情感，也就是在移民過程中所攜帶的神祇或香火袋等，希望故鄉神明的庇祐能夠跟隨他來到陌生地方以求路程平安外，也藉由神明能夠拉緊與故鄉的線，綿延不斷。二是移民過程中不安的心情，也藉由信仰的力量來撫平。許多離家到東部的移民，在故鄉對於東部的概念僅止於聽說或者傳聞，然而真正的「後山」到底是什麼？內心總有惶恐不安的心情，甚至恐懼萬分。而人與神，形成了相互依賴，也就形成移民與信仰的關係。

　　在早期的農業社會中，土地對依賴耕作的農民而言是最大的資本，認為沒有土地什麼都沒有。移民初到東部，對土地是沒有所有權，因為當時土地的所有屬於日本政府，移民的耕作受到日人的控制，沒有任何自主的權利。戰後由於國民政府實施耕者有其田政策，農民才真正擁有土地。從移民初迄今對於農民而言，雖然從事與原鄉相同的工作，然而從獲得土地，到對土地的情感與用心，甚至投入在土地上的心血，非外人所能了之。

　　移民初期，主要是以神祇為中心，尤其在參與信仰時，必定以神明的功能性為主要考量。尤其移居到花蓮的人，主要都是以務農為多，而且從移民的過程到找尋落腳處，神祇的功能無所不在，所以信仰更深植於移民的心中。而土地與神之間關係，透由傳說中的神農大帝是土地的守護神，農民皆膜拜神農

大帝，自古皆是如此。針對五穀爺是農業神的角色上，除了在中國早期迄今相關傳說及文字的記載外，還有屬於社會職業結構中對信仰的依存。

由於時空的變遷，移民已為在地居民的一份子，對於區域的認同感更為加深，在信仰的神祇、區域內的社群結構以及地方的發展有著不同於初期的意義。

以神祇的意義，五穀大帝已經不再是初期農業神的角色，如今被型塑成為族群的信仰代稱，原因是屬於早期信仰者的農民，多為桃竹苗的客家人，然而在八〇年代客群的呼聲漸起，而且信仰者的後代有些不再從事這些農作，甚至信仰者本身年歲已大，才積極投入於廟宇的服務中，所以五穀宮除了有鄉土神的代稱外，多數年輕人亦從廟宇內部溝通慣用的語言，稱五穀大帝為「客家人的神」，這是從廟宇中參與信仰者的背景與語言的行使上而言。然而今日，「農業神」不再適用於吉安鄉發展過程中職業信仰代稱，而是隨著整個環境的轉變，廟宇組織不再停留於過去，而是透由外在形塑發展，才得以延續著廟宇的香火。

由於社群的結構產生變動，早期的移民是以個體為主，由零散的個體形成組合成居住的區域。而現今由於族群的意識形態興起，取代個體的是以整個族群在整體區域中的概念。所以上述提到「客家人的神」這樣的稱謂，背後所引含的有族群的

意義存在。族群的出現，可以說是我群與他群的概念隨之而來。以吉安鄉爲例，透由五穀宮這個信仰空間作爲一個客家活動辦理的場地，[3] 甚至作爲客家文化研究推展協會與後山發展協會推廣活動及上課的地點。再者，藉由社群的區域性質和轉變，了解區域中內部結構的轉變，包含有信仰的轉變、組織的交替或政府力量的介入等。

最後在地方的發展上，傳統的人地關係轉變成爲歷史與地方產業關係的型態，主要跟大環境的影響有密切相關。整個大環境的轉變，吉安鄉的農戶也日益減少外，取而代之的則是二、三級產業興起，這是整體職業結構的轉變；再者，教育的結構轉變，受教育的人口增加，對於信仰的需求逐漸減少。傳統中的生產空間與生活空間的合而爲一，也在這兩者的結構變化中逐漸趨於分離，也因而造成了信仰的轉變。

二、祭祀範圍的空間型態與研究意義

本文開始提及的問題：「究竟，祭祀範圍是如何形成的？」在討論信仰與祭祀範圍的關連性中發現，藉由祭祀同一神祇，每年繳納緣金，透由繳納緣金的多數人群所劃出的一個範圍，

---

[3] 例如 94.6.2（農曆 4/26）在五穀宮所舉辦神農產業文化及客民家俗技藝產品製作展示活動，就是配合五穀宮神農誕辰活動所舉辦。

也就是說，祭祀範圍僅是藉由信仰所勾勒出的框架而已。而框架的出現，意味著可以假設在某種同質性的結構中，從事許多研究上的觀察與了解。所以從濁大計畫的相關研究到張珣後祭祀圈的研究，基本的假設是必然存在的。站在這個基礎的假設上，才能有不同的視野和觀點來進行接下去的研究。

　　以五穀宮的例子來看，底層祭祀範圍的形成，主要是因為移民群的職業型態，當時的移民群主要從事的工作是農業，而農業信仰的五穀神，自然成為農業人群的信仰中心。從功能上的角度來看，五穀神農大帝兼具有土地神的功能性，還有信仰和人群的整合，這與傳統中五穀神農大帝所扮演農業神，甚至是藥神的角色有了些許的不同。謝國雄（2003）在茶鄉社會誌中提到：土地公的原意應該是管土地的神明，但這裡（指茶鄉）的「土地」有兩個意思，一是用來耕種的土地，二是人所居住的地頭（地域）。農民在拜土地公時，兼有這兩種意思。在第一種意義下，祈求的是豐收，在第二種意義下，祈求的是平安。此地的五穀大帝兼具有與土地神之稱，以謝國雄指陳茶鄉中所說明土地公的意義，大略是相符的。戴炎輝（1979:180-181）則將土地神稱為五穀之神，尤其提及臺灣莊廟的建立，亦如增田福太良說，當移民構成部落之初，帶有農民的色彩，始於祀五穀神之土地神（公）之廟宇的建造。雖然組成是職業型態，但由於吉安鄉整個大環境的變動，農民數量逐漸在減少中，所

以鄰近花蓮市的五穀宮也迎請五路財神,供地方上從事商業者祭祀膜拜。但穩固的祭祀範圍,終究不敵外在環境,除了鄉內其他的廟宇瓜分香火外,更由於新移入人口的參與率低,所以使得祭祀範圍逐年在縮小中。最後,透由廟宇組織內部的轉替,以及地方菁英的投入,將底層傳統以農業為主的祭祀範圍組成轉替為今日以族群為號召,重新組合祭祀範圍,並透由以五穀宮為中心所舉辦的活動,穩固鄉民在信仰上的凝聚力。

在臺灣漢人的社會研究中,莊英章、潘英海(1991:5-9;1994:1-4)曾提出三種理論假設,藉以說明漢人社會的地區性差異。這三種理論假設為歷史文化的假設與解釋、環境適應的假設與解釋以及族群互動與文化接觸的假設與解釋。這樣的論述基礎在於漢人的移民社會型態,移居到不同的地區會產生不同的文化特色。以後期移民型態的花蓮來說,祭祀範圍架構下來看這三種理論的假設性,對照整個客家信仰的發展上,從歷史文化背景的差異到受到大環境的影響而產生變動,甚至在整個族群的互動上,也呈現與西部不同的面貌。然而,重要的是,發展時間的長短卻是影響漢人社會的重要因素。花蓮的例子可以發現輪值祭祀的活動所形成的社會組織也漸漸散去,主要的指標是媽祖信仰的祭典活動,許多廟宇早期都是依賴媽祖祭典

形成輪值的祭祀活動,[4]透過這樣的活動集結境內各庄的聯繫,然而當各個鄉鎮下所轄之村里內的公廟,有些是數個村所形成的公廟可以單獨承辦媽祖祭典活動時,以鄉鎮為單位的,甚至跨鄉鎮輪值祭祀的規則即被瓦解,形成各自獨立辦理,主要原因跟廟宇所呈現組織背後力量的消長有關,其中最明顯的是族群意識的高漲而產生,如富里和長橋里的義民亭。不過,也由於大環境變動所促使族群間的互動更為頻繁,因而單一族群所標榜的信仰,在這樣的過程中,逐漸消弭。

再者五穀神農大帝的祭祀意味著地方經濟與信仰的關係,透由五穀大帝保佑地域平安,居民才能安心的在土地上耕作收成,安心的討生活。由這一點看來,或許與吉安多數客家人的原鄉環境差異性並不大,也有某種程度的契合。不過最早的移民信仰離開原鄉渡海來臺,甚至又越過中央山到達了東部,整體來說信仰的轉變除了受到區域的影響外,更受到區域的居民,甚至是經濟、國家力量都是有可能的成為重要的原因之一。

四、尾聲—從產業神到客人廟

基本上,信仰在漢人社會中是重要的依歸。本文雖透由中

4　詳見本篇論文第二章。

地理論的概念陳述五穀宮信仰祭祀範圍的空間變動與信仰的轉變，祭祀範圍的擴大與縮小，最主要還是取決於大環境的影響。從人群的角度來看，神祇的功能性主要展現在特定時間點，而且具有多重的性質存在，如前文中的五穀大帝。戰後形成的五穀宮，除了祭祀範圍底層人群結構的轉變外，神祇的信仰意涵也跟著轉變。以現代廟宇而言，一旦堅持維持傳統的信仰根基，恐怕要面臨關廟的危機，尤其在教育水準的提昇以及社會增加率高的地方，如何將傳統信仰轉變成為現代人所能接受的信仰，就端賴廟宇內部組織的決定。不過，戰後多數的廟宇，有些亦為政治力量角逐的場域，因為參與祭祀的人群多為固定，香火穩固，也容易凝聚人群，所以可以看到廟宇的主任委員（組織的領導者）多為地區內的重要人物。隨著社會的轉變，人群的意識提高，傳統凝聚人群的方式已不符合現代社會，加上地方菁英的角逐不再僅止於政治層面，開始關心地方的人群出現，而逐漸取代。從產業神到客人廟，所意味的不再只是神明功能性的轉變，背後所代表的重要涵義，包括地方職業的轉變、祭祀人群的轉變以及祭祀組織的轉變，也就是說，整體區域的發展以及變動，亦由此可見。

五穀宮旁祀-孔子

參考書目

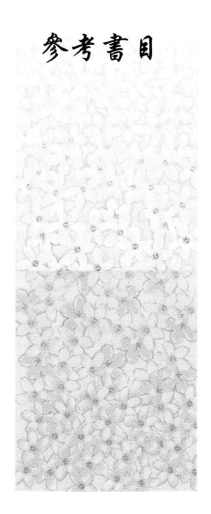

王世慶

1971　〈民間信仰在不同祖籍移民的鄉村歷史〉，《臺灣
文獻》23（3）：1-38。

尹章義

1990　〈臺灣移民開發史上與客家人相關的幾個問題〉，
《輔仁歷史學報》8：64-78。

1997　〈臺灣客家史研究的回顧與展望〉，《臺灣文獻》
82（2）：1-13。

仇德哉

1984　《臺灣的寺廟與神明（一）》。臺北：臺灣省文獻
會。

田代安定

　　　《臺東殖民地豫察報文》。臺北：臺灣總督府民政部
殖產課。

伊能嘉矩

1909　《大日本地名辭書續編－臺灣之部》。東京：富山
房。

江美瑤

1997　〈日治時代以來臺灣東部移民與族群關係－以關
山、鹿野地區為例〉。
臺北：國立臺灣師範大學地理學系碩士論文。

余光弘

　　　〈臺灣地區民間宗教的發展－寺廟調查資料之分
析〉，《中央研究院民族學研究所集刊》53：67-103。

〔美〕杜贊奇

1994 《文化、權力與國家》。中國：江蘇人民出版社。

周宗賢
1983 《臺灣的民間組織》。臺北：幼獅文化公司。

林美容
1986 〈由祭祀圈來看草屯鎮的地方組織〉，《中央研究院民族學研究所集刊》62：53-111。
1988 〈由祭祀圈到信仰圈─臺灣民間社會的地域構成與發展〉，發表於《第三次中國海洋發展史研討會》，臺北：中研院三民所。
      〈草屯鎮的聚落發展與宗族發展〉，刊於《中央研究院第二屆國際漢學會議論文集》，頁319-348。
1990 〈彰化媽祖的信仰圈〉，《中央研究院民族學研究所集刊》68：41-104。
1992 《人類學與臺灣》。臺北：稻香出版社。
1997 《臺灣民間信仰研究書目》。臺北：中研院民族所。
1998 《臺灣文化與歷史的重構》。臺北：前衛出版社。
1999 〈臺灣區域性祭典組織的社會空間與文化意涵〉，收錄於徐正光、林美容主編，《人類學在臺灣的發展：經驗研究篇》。臺北：中央研究院民族學研究所，頁69-88。

林聖欽
      〈花東縱谷中段的土地開發與聚落發展：1800-1945〉。臺北：國立臺灣師範大學地理學系碩

士論文。

林澤田、襲佩嫻

2002 《吉安鄉志》。花蓮縣：吉安鄉公所。

2002 《壽豐鄉志》。花蓮縣：壽豐鄉公所。

林本炫

2002 〈臺灣民眾的宗教流動與地理流動〉，發表於中央研究院社會學研究所、中央研究院「新興宗教現象及其相關問題專題研究計劃」合辦《宗教與社會變遷：第三期第五次臺灣社會變遷基本調查資料分析研討會》。

林光華

2001 《義民心鄉土情-褒忠義民廟文史專輯》。新竹：新竹縣文化局。

李世偉

2004 〈戰後臺灣觀音感應錄的製作與內容〉，《成大宗教與文化》4： 287-310。

李國銘

2000 〈三山國王廟與甌駱人（上）、（下）〉，《屏東文獻》1：3-8。

李丁讚、吳介民

〈現代性、宗教、與巫術：一個地方公廟的治理技術〉，《臺灣社會研究季刊》59：143-184。

邱世宏

〈花蓮地區人口遷移的時空變遷〉。臺北：國立臺灣師範大學地理學系碩士論文。

邱彥貴

1992　〈國王是臺灣客屬的特有信仰？-粵東移民原居地文獻考察的檢討〉，《中央研究院臺灣史田野研究通訊》23：66-70。

〈嘉義廣寧宮二百年史（1752~1952）勾勒-一座三山國王廟的社會史面貌初探〉，《臺灣史料研究》6：69-89。

1999　〈池上鄉漢族民間信仰祭典組織初步調查報告〉，《臺東文獻復刊》5：99-114。

岡田謙著、陳乃蘗譯

1960　〈臺灣北部村落之祭祀圈〉，《臺北文物》9（4）：14-29。

孟祥漢

〈臺灣東部的拓墾與發展：1897-1945〉。臺北：國立臺灣師範大學歷史學研究所碩士論文。

1991　〈日據時期臺灣東部人口增加之研究〉，《興大文史學報》21：179-206。

2002　〈日治時期花蓮地區客家移民的分布〉，《客家文化學術研討會-語文、婦女、拓墾與社區發展》論文集。

孟祥瀚纂修

2001　《臺東縣史 開拓篇》。臺東市：臺東縣政府。

施添福

《清代在臺漢人的祖籍分布和原鄉生活方式》。臺北：國立臺灣師範大學地理學系。

〈日治時代臺灣東部的熱帶栽培業與區域發展〉,《臺灣史研究百年回顧與專題研討會論文集》。

施添福總編

2001　《臺東縣史　漢族篇》。臺東縣：臺東縣政府文化局。

施振民

1973　〈祭祀圈與社會組織—彰化平原聚落發展模式的探討〉,《中央研究院民族學研究所集刊》36：191-208。

胡傳

《臺東州采訪冊》,臺銀文獻叢刊第81種。臺北：臺灣銀行經濟研究室。

姚麗香

〈臺灣地區的宗教變遷〉,收錄於《臺灣社會與文化變遷論文集》。臺北：中央研究院民族所。

郁永河

《裨海遊記》,臺灣文獻叢刊第44種。臺北：臺灣銀行經濟研究室。

柯培元

《噶瑪蘭志略》,臺灣文獻叢刊第92種。臺北：臺灣銀行經濟研究室。

張永楨

〈清代臺灣後山開發之研究〉。臺中：私立東海大學歷史學研究所碩士論文。

張家菁

〈花蓮市街的空間演變—臺灣東部一個都市聚落的形

成與發展〉。臺北：國立臺灣師範大學地理學系碩士論文。

張振岳

　1994　《後山風土誌》。臺北：臺原出版社。

　1996　《後山西拉雅人物志》。臺北：常民文化出版社。

張維安主持

　2000　《臺灣客家族群史產經篇訪談紀錄》。南投市：臺灣省文獻會。

張素玢

　　　　《臺灣的日本農業移民（1909-1945）--以官營移民文中心》。臺北：國史館。

張珣、江燦騰合編

　2003　《臺灣本土宗教研究的新視野和新思惟》。臺北：南天出版社。

康培德總編

　　　　《續修花蓮縣志 族群篇》。花蓮縣：花蓮縣政府文化局。

陳紹馨

　　　　《臺灣人口變遷與社會變遷》。臺北：聯經出版社。

陳淑均

　　　　《噶瑪蘭廳志》，臺灣文獻叢刊第 160 種。臺北：臺灣銀行經濟研究室。

陳彩裕

　1983　〈臺灣戰前人口移動與東部（花蓮）的農業成長〉，《臺銀季刊》34（1）：155-196。

陳春聲

〈三山國王信仰與臺灣移民社會〉,《中央研究院民族學研究所集刊》80：61-114。

陳世榮

〈社會菁英：國家與地方間的另一股力量〉,收錄在《中國近代史的再思考-中央研究院近代史研究所創所五十周年國際學術研討會》論文集。

莊芳榮

《臺灣地區寺廟發展之研究》。臺北：私立文化大學中文研究所博士論文。

莊英章

〈漢人宗教發展的若干問題--寺廟宗祠與竹山的墾殖型態〉,《中央研究院民族學研究所集刊》36：113-138。

許嘉明

1973 〈彰化平原福佬客的地方組織〉,《中央研究院民族學研究所集刊》36：165-190。

曾一平

1953 〈漢人在奇萊開墾〉,《花蓮文獻》1：77-80。

鈴木清一郎著,高賢治、馮作民編譯

1984 《臺灣舊慣習俗信仰》。臺北：眾文圖書公司。

劉枝萬

1963 〈清代臺灣之寺廟〉,《臺北文獻》4：101-120。5：45-110。6：48-66。

《臺灣民間信仰論集》。臺北：中央研究院民族所

專刊二十二號。

臺灣總督府

　1919[1993]《臺灣宗教調查報告書（第一卷）》。臺灣總
　　　　督府；後重刊，臺北：捷幼出版社。

臺灣慣習研究會

　1989　《臺灣慣習記事（中譯本）》，第四卷（上）。南
　　　　投：臺灣省文獻會。

駱香林

　　　　《花蓮文獻》。花蓮：花蓮縣文獻委員會。

駱香林主修、苗允豐編纂

　　　　《花蓮縣志》。花蓮市：花蓮縣文獻委員會。

潘繼道

　1991　〈臺灣後山平埔族移民之研究〉。臺中：私立東海
　　　　大學歷史學研究所碩士論文。

鄭全玄

　1993　〈臺東平原的移民拓墾與聚落〉。臺北：國立臺灣
　　　　師範大學地理學系碩士論文。

戴炎輝

　1974　〈清代臺灣之鄉治〉。臺北：聯經出版公司。

藍鼎元

　1961　《東征集》，臺灣文獻叢刊第 12 種。臺北：臺灣銀
　　　　行經濟研究室。

謝國雄

　2003　〈茶鄉社會誌〉。臺北：中央研究院社會學研究所。

羅烈師

2001 《大湖口的歷史人類學探討》。新竹：新竹縣文化
局。

釋昭慧

2003 〈當代臺灣佛教的榮景與隱憂（上）〉，《弘誓月
刊》64：16

國家圖書館出版品預行編目資料

花蓮地區客家信仰的轉變—以吉安鄉五穀宮為例
　／邱秀英著. -- 初版. -- 臺北市：蘭臺, 2006[民 95]
　　面；　公分. -- （臺灣鄉土與宗教研究叢刊；第 1 輯）
　　參考書目：面

　ISBN 978-986-7626-44-8(平裝)

　1. 民間信仰 - 花蓮縣 2. 客家 - 社會生活與風俗

272.31　　　　　　　　　　　　　　　　　　95023515

TR007
臺灣鄉土與宗教叢刊　第一輯

花蓮地區客家信仰的轉變
─吉安鄉五穀宮為例

總　編　輯：郝冠儒
主　　　編：李世偉
作　　　者：邱秀英
發　行　人：盧瑞琴
出　版　者：蘭臺出版社
地　　　址：台北市中正區開封街一段 20 號 4 樓
電　　　話：(02)2331-1675　傳真：(02)2382-6225
編　　　輯：張加君
美　　　編：赤邑生
總　經　銷：蘭臺網路出版商務股份有限公司　劃撥帳號：18995335
網 路 書 店：http://www.5w.com.tw　E-Mail：lt5w.lu@msa.hinet.net
網 路 書 店：博客來網路書店　http://www.books.com.tw
網 路 書 店：中美書街　http://chung-mei.biz
香港總代理：香港聯合零售有限公司
地　　　址：香港新界大蒲汀麗路 36 號中華商務印刷大樓
　　　　　　C&C　Building, 36, Ting　Lai　Road, Tai Po, New Territories
電　　　話：(852)2150-2100　　傳真：(852)2356-0735
出 版 日 期：2006 年 11 月初版
定　　　價：新臺幣 300 元整

ISBN-13：978-986-7626-44-8

ISBN-10：986-7626-44-3